融善

"融以至善"的杭职院校园文化体系

杭州职业技术学院编写组　著

ZHEJIANG UNIVERSITY PRESS
浙江大学出版社
·杭州·

编写组成员

张　杰　伏志强　周　曦　陶启付　庄　熊　李海涛　刘　航

贝　锐　王英杰　赵　帅　骆方倩　商雅萍　周梦圆　吴　杨

杭州职业技术学院校门

杭州职业技术学院全景图

校园"融善"校训石

"融善"文化广场

图书馆前"融"字花景

校内善湖

校内融池

校内融石

学校校史馆

非物质文化遗产传承教学创业基地西泠学堂

马克思主义学院"必由之路"主题馆

特种设备学院电梯实训基地

达利女装学院服装走秀展示台

华为云计算学院展示中心

校园匠心亭

校内梨园

序

PREFACE

习近平总书记 2016 年在全国高校思想政治工作会议上指出，高校思想政治工作关系高校培养什么样的人、如何培养人以及为谁培养人这个根本问题。在谈到育人问题时，习近平总书记强调："要注重文化浸润、感染、熏陶，既要重视显性教育，也要重视潜移默化的隐性教育，实现入芝兰之室久而自芳的效果。"①

每所学校，都具有自己独特的、蕴含着精神与灵魂的校园文化。它渗透着学校教育的价值追求，让校园内的每一处物质形态与学校的精神构成内在关联，在每一位师生个体与气质上刻下潜在"基因"。

对于杭州职业技术学院（简称杭职院）来说，以"融善"为核心的价值理念，体现在校园环境、学校传统、人员素质、领导作风、学生学风、教师教风等方面，呈现的是杭职院作为一所国家"双高校"的学术文化氛围和学校整体形象；以"融善"为代表的校园文化，体现了学校师生日常生活的主旋律，是校园角角落落所透露出的文化基因，进而构成了学生的世界观、人生观和价值观。

---

① 习近平首次点评"95 后"大学生 [N]. 人民日报, 2017-01-03（02）.

　　为了全面梳理"融善"文化系统，杭州职业技术学院以"融善"文化为切入点和主要脉络，详细研究了杭职院校园文化建设的理论与实践，并在此基础上，深入探寻杭职院身体力行"融善"文化的社会价值和现实意义。在研究过程中，我们从"融善"文化的视角出发，结合中国职业教育一百多年的坎坷变迁，观察和反思杭职院二十多年来的壮阔发展史，既让读者有身临其境的代入感，也为读者提供第三方的冷静视角。本书的第一章、第二章、第三章、第四章、第九章由张杰撰写，第五章由伏志强、周曦撰写，第六章由李海涛、刘航撰写，第七章由贝锐、王英杰撰写，第八章由陶启付、庄熊撰写；商雅萍、周梦圆、吴杨负责书稿的文字校对、文献核校和图片遴选；最后由张杰负责统稿和审核。

　　《诗大序》中曰："风，风也，教也；风以动之，教以化之。"辛弃疾在《一剪梅·游蒋山呈叶丞相》中云："多情山鸟不须啼。桃李无言，下自成蹊。"环境对人潜移默化的熏陶作用，不能简单地以好或不好来评判，校园环境的育人作用，更多地体现在对学生精神层面的影响，也体现在校园文化的传承与变迁之中。杭职院的发展离不开时代大背景，在过去数十年的中国经济发展历程中，杭职院勇立潮头，幸不辱命，与时代最强音产生共鸣。

　　自 1960 年 3 月 19 日杭州市人民委员会批复同意成立杭州机械工业学校，到 1973 年借用灵隐寺上天竺僧房为校舍恢复建设"杭州市机械工业局技工学校"，再到 1978 年浙江省人民政府发文批准同意在此基础上复建"浙江杭州机械工业学校"；从 1983 年浙江杭州机械工业学校由上天竺迁入卖鱼桥香积寺巷 78 号，到 1996 年 12 月 28 日杭州市经委系统所属的杭州市机械工业局职工大学、杭州市轻工职工大学、杭州市化工系统职工大学、杭州市丝绸工业公司职工大学、杭州市纺织工业局职工大学、西湖电子集团公司职工大学六所职工大学合并成杭州职工大学，再到 2002 年 1 月 24 日浙江省人民政府批准正式建立杭州职业技术学院，随后整体迁址下沙高教园区学源街 68

号……杭州职业技术学院走过了筚路蓝缕、艰苦奋斗的六十余载光阴，也打造了立德树人的新时代工匠摇篮，"融善"文化深入人心，"建善校、出善师、育善生"的业绩硕果累累。

作为校园文化建设的另一种成果形式，本书梳理了杭州职业技术学院"融善"校园文化理念的历史脉络、建设过程、成果呈现，追溯了"融善"文化的源远流长，与如今的社会主义核心价值观彼此相融，激活了杭职院文化演进的时代因子；阐明了在当前信息化社会与互联网时代，杭职院汲取时代跃迁原动力、革新教育实践新范式、积极适应社会生产力的蓬勃发展的实践路径；表达了杭职院始终重视"融善"文化的多维度构建，切实将"融善"文化融入顶层、中心以及基层组织机构，发扬"工匠文化"，书写"技能报国"的宏大愿景。书中包含着杭职院历年来校园文化建设参与者、见证者的辛勤付出与见解思考，也为杭职院未来校园文化建设的方向、路径提供依据。

六月毕业季，善湖里的荷花开得正盛，学校融善工作室运营的官方微信号也迎来了新一波计划报考杭职院的粉丝，以"融善"为核心的杭职院校园文化将持续影响更多的学生……

2023 年 7 月 25 日

杭州

目 录
CONTENTS

上篇：杭职院与"融善"之历史钩沉

中篇：杭职院与"融善"之时代关联

下篇：杭职院与"融善"之文化构建

上篇

杭职院与"融善"之历史钩沉

上篇导读

　　本篇系统阐述了"融善"文化的历史渊源，多方位、广角度解析了"融"与"善"的内在联系，论证了传承"融善"文化的重要意义。"融善"文化与实业思想的天然相适性，使其作为教育思想内核具有永久的生命力。近现代以后，"融善"文化在知行合一的实业教育土壤中生根发芽，茁壮成长。杭职院汲取了这一宝贵文化思想的智慧与营养，并积极探索，创实创新，通过校徽、校训等文化符号延伸"融善"文化的思想价值。"融善"校园文化与社会主义核心价值观相契合，勃发出全新的文化生产力，为杭职院在21世纪的发展奠定了坚实的文化基础，并在此基础上，更好地践履为国家、为社会、为企业培养德才兼备的实业型人才的教育使命。

第一章 "融善"文化阐释

第一节 "融"的历史文化内涵

　　"融"文化在中国有着悠久的发展历史。《说文解字·鬲部》[①]中云："融，炎气上出也。"升腾的炎气上升，意为"融"。由此可见，"融"的本义是人们使用鬲等容器蒸煮食物时上升的炎气。一字多义是汉语言表达的常见现象，"融"也不例外。随着时间的推移，"融"的含义逐渐演变，内涵不断丰富，并形成了许多其他的含义和词语，如"融合""融和""融通""融入""交融""融汇""融贯""融洽""融化"等。"融"字具有了文化层面的深刻含义，反映了普遍存在于人类及其社会中的"融合"现象，并被广泛认知、使用。

　　美国人类学家莱斯利·怀特曾指出："生物现象和文化现象实则只是处于非生物、生物和物理范畴中的事件的某种特殊组合而已。例如，一株植物或一种动物无非是碳、氧、钙等元素的特殊组合形态。同样的，文化现象也不过是用一种特定的方式将生物现象（人类）和非生物现象组合在一起。因此，生物现象可以按照非生物现象来处理，一株植物或一种动物就是由碳元素、氮元素和氧元素组成的。它具有重量，可以像岩石一样坠落；

---

① 苏宝荣.《说文解字》今注 [M]. 西安：陕西人民出版社，2000：109.

可以被冻结；经受热又会发生转变。"[①] 怀特的这段话也显示了"融"的文化内涵，即不同因素、元素之间以一定的方式组合并互相影响，形成一个有机的整体。我们对于"融"的理解不能仅仅停留在其最初的字义上，还应该深入探究和挖掘它所蕴含的深层文化内涵和精神气质，这一点也具有重要的现实意义。

一、"融"的文化意象

"融"在中国古代经典篇目中被广泛使用，其含义也有很多种，并且随着文化和社会的发展而有所转换和演变。在《诗经·大雅·既醉》中，"融"指代长远、绵延，表示周王以昭明之道，照临四方，使社稷兴盛永续不断。[②] 在这一场景下，"融"还表达着祝福和祈愿的含义。在其他著作中，"融"逐渐引申出新的含义。例如在晋陶渊明的《命子》诗中有"在我中晋，业融长沙"一句，这里的"融"字意思是光明昭著。《左传·隐公元年·郑伯克段于鄢》中有："公入而赋：'大隧之中，其乐也融融。'姜出而赋：'大隧之外，其乐也泄泄。'"[③]"融融"表示快乐的心情，而"泄泄"则有着相似的含义。这里的"融"表达出郑伯与其母和好如初的情感，体现了亲情失而复得后带给人的愉悦和双方感情更加亲密的状态。

从炊气形态的自由不受拘束，我们可以看到"融"的奋发上进之意，并可从中引申出昌盛、融达等含义。此外融还有"融化"的意思。如杜甫的《晚出左掖》中的"楼雪融城湿，宫云去殿低"提到楼上的雪"融化"成水，湿润了城市；宫中的云"散去"，宫殿变得低矮。陆游的《岳池农家》中有云"泥融无块水初浑，雨细有痕秧正绿"，这里的"融"指泥土被雨水冲刷后变得均

---

① 怀特. 文化的科学：人类与文明研究 [M]. 沈原等译. 济南：山东人民出版社，1988：15.

② 刘松来. 诗经 [M]. 青岛：青岛出版社，2011：192.

③ 春秋左传集解（一）[M]. 上海：上海人民出版社，1977：10.

匀、松润。《文选·何晏〈景福殿赋〉》[1]说"云行雨施，品物咸融"，李善解释融的意思是"通"；而李周翰则注解道，天子对人民的仁慈恩泽，如云雨滋润和滋养着万物，使万物谐和。因此，"融"在此处的含义是"融通"。

此外，火神祝融的传说与"融"的意思也相互呼应。据传，祝融本名重黎，又名祝诵或祝和。相传帝喾高辛氏时，他担任火正之官，能昭显天地之光明，生柔五谷材木，为民造福。帝喾将其命名为祝融，后来祝融被尊为火神。"祝融"的名字从一个官名转变为火神之名，说明人们对于火"融化"物质并产生能量的认知。

综上所述，"融"这个词语在中国古代典籍中承载了丰富的文化意象，这些含义包含奋发上进、昌盛、融达、融化、融和、融通等，体现了其多样性。

二、"融"的文化意义

"融"作为一种概念，具有深厚的历史积淀和博大精深的文化内涵。在人类的发展历程中，"融"始终扮演着重要的角色。早期的先民搭起锅灶，"鬲"下烈火熊熊燃烧，其"融熔"物质的力量以及由此产生的能量转化被解释为神的赐予——人们赋予这个神"祝融"的名字。[2]"融融"之火炙热的力量让人难以接触，但又能"融生"出光和热。在"鬲"中，蒸煮的食物源自大地丰厚的馈赠，进而融入人的口中、胃中。食物在大地和人身体中"融通"，并使人获得生存的力量以延续生命。

在实践中，我们需要认识和把握事物"融性"运动和发展的全过程，不应片面、孤立、割裂、僵化地看待问题。特别是要尊重事物内部及其和其他

---

① 刘孝严主编.中华百体文选 第8册 辞赋[M].北京：中国文史出版社，1998：320.
② 郭璞注；洪颐煊校；谭承耕，张耘点校.山海经 穆天子传[M].长沙：岳麓书社，1992：186.

事物之间的可融性，以及事物背后的发展规律，不应一味或过分地强调事物的个性、独立性以及与其他事物的差异性、矛盾性或对立性。只有通过融合和融化的方式，才能实现各方面的协调发展和共同进步，推动人类社会不断进步，为可持续发展做出更大的贡献。

在文明高速发展、社会日新月异的 21 世纪，新一轮科技革命和产业变革孕育兴起，信息大爆炸，传播大变革，多元文化碰撞冲击强烈，社会急剧转型，人们在生活方式、思维方式、思想观念等方面产生了更多冲突与困惑，这也给中国传统文化带来了诸多挑战。尤其是当前，世界正处于百年未有之大变局，大发展、大变革、大调整下的各种思想文化相互激荡，国际竞争焦点从传统的军事、经济等硬实力领域转移到文化软实力领域。

在多元文化思潮冲击下，部分国人出现了信仰缺失、道德沦丧等问题。中国传统文化历来倡导的"天""地""人"渊源共生、和谐共融的理念受到冲击，人与人之间的关系紧张、人与自然关系失调的现象不时显现，导致了种种自然灾害、环境危机、信仰危机。然而，不论现实世界如何变化，我们都不能放弃对"融"的追求。在"融性"发展规律的指导下，我们需要重新认识和把握事物"融性"运动和发展的全过程。我们需要摒弃非"融性"的思维，重建"天""地""人"的共融关系，形成一个和谐共生的整体生存环境。这样才能有利于推动人类社会不断进步，实现可持续发展的目标，为未来创造更美好、更融合的世界。

第二节 "善"的历史文化内涵

"善"是人类文化中一个重要的概念。顾名思义，"善"是指"美好、善良"。它可以用来形容事物、人的行为、人的品质等，如《三字经》所言，

"人之初，性本善"[①]，人们不但很早就有了"善"的概念，而且关于人类本性善恶的争论自古有之。"善"也是一种价值观念和道德标准，追求"善"即是追求美好的道德信念和行动，是人性高尚的体现。

一、"善"的文化渊源

中国文化历史上"善"的概念，可以追溯到古代儒家哲学。在儒家哲学中，"善"贯穿于儒家五常"仁义礼智信"之中，指仁爱之心、怜悯之情、和谐之美、智慧之行和成就之实。在儒家经典《论语》中，孔子强调"己所不欲，勿施于人""己欲立而立人，己欲达而达人"，[②] 呼吁人们要为他人着想，不要把自己的想法或者意愿强加到别人身上，这里体现的"同理心"，本质上就是一种善，以善意尊重其他人的权利。唯有如此，方能促进社会的和谐与稳定。孔子这一朴素的观念，正着眼于个人小善；而个人小善又如涓涓细流，汇集成社会大善的奔涌江河。

先秦思想家老子著《道德经》，书中的核心观点之一就是"上善若水，水善利万物而不争"。这一思想直到今天仍给人带来无限思考与启迪，它从"道"的深刻层面阐述了善，闪耀着先哲无与伦比的智慧。水是人类最重要、最基本的物质之一，它具有柔和、透明、包容的特性，"上善若水"的字面意思是像水一样的美德操守。理解"上善若水"，可以从多个层面进行思考。首先，"上善若水"可以解读为表现良善的方式。人们在日常生活中遇到需要帮助的人或事情时，应该像水一样，以最温和、最真诚的方式，尽力地帮助他人，先成人而后成己，此谓"上善"。其次，"上善若水"是一种道德教化，如春风细雨般，可以以柔克刚、以善化恶，坚定人们心中的善良信念，促使

---

① 王应麟. 三字经全集 [M]. 北京：海潮出版社，2010：2.

② 刘琦译评. 论语 [M]. 长春：吉林文史出版社，1999：91.

人们做出积极向上的选择。再次，"上善若水"也可以作为处事的方法论。当我们面对复杂的人际关系、工作挑战或生活中的重重难关时，应该用柔性而非刻板的方式去解决这些问题。在做事做人等方面不要太固执，避免打击和伤害他人，用包容、耐心的态度去接纳和理解他人，以宽容和谦虚的态度达到与他人和谐相处的目的。最后，水除了有温柔一面，也有形成大江大河，涤荡天下的雄韬之势。有时候"上善若水"也表现为一种追求真善美的果决之志，外在环境再恶劣，人性考验再艰难，也应从容做出善举和善择。是故，善也是一种意志力和精神品质的体现。

二、"善"的文化万象

数千年来，从"善"的内涵出发，东西方涌现出了无数宝贵的文化成果。"善"文化也成为人类文化的基石，成为文明社会的精神支柱。

春秋时期的名相管仲曾在《管子·霸形》中提出"善人者，人亦善之"[①]，意思是一个人如果具有高尚的品德和行为举止，那么周围的人也会受到他的影响。这个朴素却深刻的观点呼吁人们注重自身的修养和品德塑造，从而影响和带动他人的成长和进步。由此引出的类似观点还有孟子所言"爱人者，人恒爱之"，"敬人者，人恒敬之"。俗语说"从善如登，从恶如崩"，意即追随善如同登山一样艰难；追随恶如同雪崩一样迅速。善包含仁义之士的恻隐之心，慈悲之意，怜悯之情，以成人之美，纾人之困，济人之急，救人之危。其所言（包括文章、著作）所行（包括职业行为、专业行为）皆有利于家庭、社稷苍生、天地万物的健康生存和持续发展。基于这一准则，不论是民胞物与、怜贫惜弱，还是保护自然，维护和平，皆为善举，然而这也是充满曲折之路。人性从恶是很容易的，无非是退回到动物本能，任由心中兽性发作。

---

① 李元燕，李文娟译注. 管子 [M]. 广州：广州出版社，2001：171.

残酷的战争充分体现了人的兽性本能与人性之恶。这反而更加说明了从善的意义和价值，正所谓"仁者无敌"，越是要对抗人性之恶，对抗人类内心深处的兽性本能，就越要播种善，传承善的是非观和价值取向，而这也是人类走向文明繁荣的大道坦途。

"善"在西方哲学体系中也占有重要的地位。在古希腊哲学中，苏格拉底对"善"的思考给后世带来深远的影响。他提出著名的论断：美德即知识。他认为，人们作恶，是因为他们对追求之事的认识有问题。知识就是关于美德的知识，只有知道了什么是善，人才能避免作恶。由此，政治家的首要任务就是使公民有知识、有教养，使之过一种理性的、善的生活。

苏格拉底的学生柏拉图，则提出了"善"是世界的本源和根基。① 柏拉图对"善"的理解和思考，同样深刻影响了后世西方哲学。他认为，处在金字塔顶端的"善"理念，不仅是一切知识和真理的来源、世界的太阳和光源，更是所有个人和社会追求的至高无上的目标。"善"并不是某一种具体的德行，而是一种性质与目标。为更直观而形象地把握"善"理念的意蕴，柏拉图设计了一个"理想国"。柏拉图对于"善"的理念设计，重要的不在于"善"具体是什么、有什么内涵、是否合理，而在于人们是否有着对永恒之"善"、最高层次的"善"的追求与向往。

在亚里士多德的伦理学中，"善"是一个核心概念，也是他所称的"幸福"的核心。② 例如，一个人要保持身体健康，他就要锻炼、保持良好的饮食和睡眠。在这个过程中，健康行为就是"善"本身。同样的，一个人想要获得知识，就需要学习、阅读和思考。在这个过程中，求知行为也是"善"。

德国大哲学家康德被誉为现代哲学的奠基人之一，他对"善"的理解是他哲学思想体系中的重要组成部分。康德认为，"善"是一种普遍的、绝对

---

① 柏拉图著；郭斌和，张竹明译.理想国[M].北京：商务印书馆，1986年.
② 亚里士多德著；廖申白译注.尼各马可伦理学[M].北京：商务印书馆，2003：3.

的、我们应该遵循的道德原则，同时也是我们的内在本质。[①] 康德将道德划分为两个层面：形式道德和实质道德。形式道德是指我们如何做事，也就是说我们的行为必须基于一定的原则和法则；而实质道德关注的是我们应该怎样去做事，也就是说我们必须考虑到行为的目的和动机。这种动机不是出于自身的利益，也不是出于任何形式的外在诱惑，而是基于我们自己内在的道德理念。康德认为，"善"是我们道德主体的一部分，是我们的自由意志和理性的表现。康德还提出了一个重要的概念——"道德律令"，即我们应该遵守的道德规范。这些道德规范必须基于纯粹理性，不能受到任何外在因素的干扰，包括"不要将人作为一种手段来达到自己的目的""始终要将人作为一个目的对待"等等。[②] 对于康德来说，"善"是一种理性的道德原则，而不是一种感性的情感，我们不能仅仅依赖于我们的感性直觉，而是要在纯粹理性的指导下行动。因此，我们必须根据纯粹理性的道德律令来判断什么是好的和什么是不好的，进而做出决策。

三、"善"的文化承继

"善"文化在人类历史长河中体现出极大的丰富性，究其根本，乃是对人本性的思考，对人的言行举止的觉察。因此，在"善"文化的承继与传播过程中，各种观点不断碰撞。

《大学》里提出了"在明明德，在亲民，在止于至善"[③]的理念，指出追求至善是人生的根本目标。《大学》一书对中国文化和知识分子的塑造作用是毋庸置疑的。书中"修身齐家治国平天下"的核心思想，更是成为中国知识分子千百年来矢志不渝的追求目标，直至"至善"。它不但具有可行的方法

[①] 康德著；韩水法译. 实践理性批判 [M]. 北京：商务印书馆，1999：121.

[②] 李泽厚著. 批判哲学的批判 康德述评 [M]. 天津：天津社会科学院出版社，2003：272.

[③] 孔丘等编著. 四书五经 [M]. 北京：线装书局，2007：1.

论，更是知识分子信念和思想上的终极归宿。"至善"代表了道德标准的最高境界，即追求真理、善良、宽容、公正等品德上的极致。这既是目标，也是准则。它是一种行为准则，强调个人必须有明确的道德标准，必须追求达到道德境界的极致，必须克服追求道德至善过程中的艰辛。《道德经》中有言："上士闻道，勤而行之；中士闻道，若存若亡；下士闻道，大笑之。不笑不足以为道。"① 追求至善不是轻而易举之事，而是要勤而行之。"至善"所涉及的方面十分广泛，包含了伦理、道德、文化、艺术等方方面面。比如，在关于政治治理方面的思想中，"至善"代表的是拥有高尚的品格和正确的治理理念；在文化、艺术方面，"至善"则是指达到了一种最高境界的审美体验和精神愉悦。可见，"至善"代表了道德标准的最高境界和人类社会发展的最终目标，强调了道德标准的极致和完美。这里的道德不单指规范和法律，而是指更为深刻、人性化的道德标准。这些标准包含了爱、美、宽容等，并且它们之间互为支撑和补充。在这种道德标准下，个人以及集体都可以实现和谐发展。儒家思想强调通过实践和修身以达到"至善"的境界，"明明德"和"亲民"都是实现"至善"的方法和路径。

道家思想则是从超越人生、追求大道的境界上诠释"至善"之意。儒道之别，在于方法手段的不同，在于入世出世的态度差异，在于修身还是治国的内外有别，但在"止于至善"这一终极追求面前，殊途同归。

西方的哲学思想文化对"善"的诠释也是一脉相承的，不管阐述的角度如何不同，总是同源之水。其中，苏格拉底把"善"当作至高无上的理念，强调人应当认识什么是善，将知识与美德相等同，把感性、偏向、欲望等方面的诸种规定性都排除在善之外。

亚里士多德则认为，"善"不仅仅是一种行为，更是一种习惯，如果一个

---

① 老子原著；陈忠译评. 道德经 [M]. 长春：吉林文史出版社，2004：73.

人能够不断地做某种善行，比如慷慨捐献、勇敢担当，那么这种行为就会变成一种习惯。习惯会变成人的第二天性，从而使他们成为具有德行的人，他们就具有了慷慨和勇敢的品质。因此"善"也是可以被教育的。亚里士多德还看到了更深的层次，他认为"善"是一种理性行为，而理性是人类最高级别的能力，因此，他提倡人们应该通过理性来采取行动。在亚里士多德看来，理性是人们实施"善"的行为的根本出发点，因为只有理性才能指导人们的向善行为，并使人们获得真正的幸福。

"善"的传播，是永恒的主题，它涉及人类的伦理道德，关乎人类对他人和对自己的态度。

总之，"善"的文化承继既能够积极适应时代，又在相当长的历史时期里保持住了内在的、本质上的含义，其巨大的教化作用有目共睹，其核心与宗旨却是很简单的。"善"文化在不断变化的时代洪流中，实现了它的传承。

第三节　传承"融善"文化的意义

"融善"文化就是将"融"和"善"这两种重要的文化价值融合在一起，形成合力，延伸彼此的内涵，将"善"的道德准则融入社会有机体的方方面面。"融善"文化具体以善良、宽容、和谐为核心，是融入生活实际的文化价值观，它强调人与人之间的互相尊重、包容、关爱和理解，追求"融而合之"的社会发展愿景。"融善"具有重要的现实意义，它有助于增强人们的社会责任感和团队合作精神，减少社会冲突和矛盾，创造和谐、美好的社会环境。在传承千年文化底蕴的同时，"融善"文化正在通过各种创新和创意，创造出新的文化产品、文化服务和文化体验，以满足人们不断增长的精神与文化需求。

一、"融善"于社会发展

"融善"文化可以被视为一种社会多生态文化的"黏合剂"，它能够凝聚人们的精神力量，消弭不同种族、不同肤色、不同国家、不同信念的人之间的隔膜甚至对立，构建出共同的价值观。

融是引导，善是目标。"善"文化融入社会肌体，可以求同存异，促进社会的公正和平等。"善"体现在人们的行为和思想中，表现为人们会尊重彼此的权利、相互磨合与妥协。任何一个健康发展的社会，其处世准则一定包含公正和平等，一定会遵循道德和法律规范，而非以自我利益和偏见为主导。社会的发展，人类文明的进步，其实是有深藏背后的原因的——那就是"善"。从这个意义上而言，"善"是静态的，有着强大的凝聚力；而"融"是动态的，有着强大的推动力。二者合而为一，表现出文化生态层面上的聚合力。"融善"文化在善的层面上肯定每一个人的价值，也包容每一个人的差异；"融善"文化在融的层面体现为，以融为路径和载体，导人向善。比如，在保护社会弱势群体和社会公益事业层面，我们清晰可见"融善"文化的巨大作用力。正因为有同理心和同情心，无数人甘愿为社会弱势群体提供帮助和支持，促进社会的公正与平等。在社会日常生活中，我们无数次地看到这样的新闻和事迹，看到人们的善意，看到正义与良心，而这正是"善"文化融入社会有机体的明证。

传承和发展优秀的文化遗产，践行社会主义核心价值观，高举"善"文化旗帜，推动社会的健康发展，是我们义不容辞的责任，也是我们不可逃避的光荣使命。

二、"融善"于文化创造

文化创造是指在特定的历史背景、社会环境和文化传统下，通过对各种文化资源的整合、创新和创作，形成独特的文化体系和价值观，并以作品的形式展现出来。从人类历史上看，文化创造一直是人类社会发展的重要驱动力。

"融善"于文化创造而言，融是过程，善是结果。人们在长期的文化创造中，通过不断地探索和尝试，形成了一种以"善"文化为基础，并融进具体文化的审美标准。文化创造与善的实践、善的融合息息相关，因为它需要一种积极向上的价值观表达。在"融善"文化背景下，文化创造能够表现出一种道德情操、社会责任和创新精神，同时也反映着社会的进步和发展。

东方文化拥有悠久的历史和灿烂的遗产，许多文化创造的成果至今仍然影响着世界，而这背后，离不开以"融善"文化为基石的价值观、世界观以及文明观。例如在中国，"四书""五经"等文化经典被广泛传诵，塑造了"止于至善"的道德伦理和思想观念，至今仍被广泛教育和传承。此外，中国文化中还流传着许多富有特色的艺术形式，如景泰蓝、漆器、丝绸、陶瓷等，这些都表现出中国人对真善美的执着追求。在中国家喻户晓的《三字经》，成书于宋代，至今仍是孩童启蒙的必读书目。此书浅显易懂，言微意深，是文化创造的精品之作，内容涵盖了传统文化的文学、历史、哲学、天文地理、人伦义理、忠孝节义等，核心思想包括了"仁、义、诚、敬、孝"。"融善"文化融于字里行间，通过对常识、国学和传统故事的讲述，教人们懂得做人做事的道理。

在东方文化的创造中，特别值得一提的还有中国古代的科技创新。其中，天文学、数学、物理学、医学等方面的成就尤为突出，细细梳理，则可见"融善"文化在其中的作用。例如，中国古代人民通过观察日月星辰，创造了丰富的星历和历书，对世界天文学发展产生了巨大影响；在医学方面，中药学和针灸学等不仅在当时对人类的健康做出了巨大的贡献，而且在今天的医学领域中也依然有重要的地位。这正是"融善"于文化创造所诞生的累累硕果，体现了人们对美好生活的追求。

西方文化创造的主要来源之一是古希腊文化。古希腊人以他们特有的理性思维方式，提出了"人是万物的尺度"[①]这一重要观点。这个观点打破了神权时代的束缚，正如苏格拉底所提出的善其实是人类内在的一种属性，把人类的自主权从神争取到了人的手里。古希腊文化为人类文化的自由和进步开辟了道路，用善与理性举起了人类思想启蒙的旗帜，对世界文化产生了深远的影响。

人类文化创造中的艺术、文学精品无不强调"融善"的理念，通过优秀的作品传递"善"的价值观念，通过百花齐放的表达方式释放"融"的推动效能，引导人们积极求善逐恶，从而推动社会的进步。"融善"文化基础上的文化创造弘扬善的价值观念，武装人类开拓前进的手脚，鼓舞人们以实际有效的行动去寻求"至善"，启迪人们对"善"文化进行反思，并促进"善"的与时俱进。"善"文化不是静态发展的，它和其他文化融而合之，合则生之，具有了生生不息的生命力和创新能力。"善"作为一种价值观念和道德标准，对于个体和整个社会都具有重要的深远意义。但倘若"善"文化闭门造车，就相当于失去了生命之源，它需要融入历史、哲学、教育等文化创造领域。人们并不是通过理解"善"的概念而去学习善的，而是通过各种文化创造出来的载体来理解"善"。道需载以文，"善"文化同样如此。岳飞的"精忠报国"是一种善，它还代表了一种文化，融入中国人的爱国血脉。对国之少年而言，《少年中国说》以及"为中华崛起而读书"是一种善。它既是一种

---

① 洪涛著 . 逻各斯与空间 古代希腊政治哲学研究 [M]. 上海：上海人民出版社 , 1998 : 178.

志向，也是励志信念，把爱国、强国之善融刻在每个人的心里。可想而知，这样的文化创造，其生命力是永恒的，再过一百年一千年，它依然能够被人传唱。

总之，"融善"文化可以为文化创造提供精神支撑和指导。一个具有"融善"文化价值观的社会，注重人与人之间的和谐相处，追求共同进步，这种和谐的社会环境可以激发人们的创造力和创新精神，从而促进文化创造的发展。在这样的社会环境中，人们会更容易产生创意和创新，因为他们感到安全和受到支持。"融善"的文化环境可以更好地激发人们的灵感和想象力，这无疑有助于文化创造的繁荣。反过来，文化创造可以进一步推动"融善"文化的扎根与成长。文化创造是一个不断创新和发展的过程，它可以通过引入新的文化产品、文化服务和文化体验，为社会带来文化价值观和理念的全新表达方式。这样的例子在历史上屡见不鲜，从《荷马史诗》到莎士比亚戏剧，从《论语》到王阳明心学，从古希腊文化到文艺复兴，从百家争鸣到唐诗宋词，一代代的杰出者，始终围绕着以"融善"文化为代表的人类永恒主题创造着丰富多彩的文化内容。这些形式丰富、绚烂夺目的作品通过传播，将"融善"的文化理念传播给更多的人，融入社会肌体的每一个细胞，并激发更多的人加入"融善"文化的推广队伍，形成正向循环，形成人类文明曲折向上的螺旋进程。"融善"文化推动了文化创造，而文化创造又为"融善"文化的推广和发展提供更多的载体和平台。所以说，"融善"文化和文化创造可以相互促进、相互激发，宛如双螺旋，为社会带来更多的价值。在一个以"融善"文化为核心的社会中，我们可以创造出更多优质的文学和艺术等文化产品，并通过这些文化产品传递"融善"文化的理念和价值观。

三、"融善"于道德规范

道德规范是人类社会文明发展过程中的重要组成部分，道德规范与"融善"文化水乳交融，有助于维护社会秩序，促进公正公平，塑造良好的公民个人品格，促进人与人之间、人与社会之间的和谐关系。

"融善"于道德规范，是形成公平公正社会秩序的重要保障，它使得人们日常生活中的行为和言语都遵循道德准则和规范，并逐渐建立良好风俗，最终实现人类大同的理想。"融善"于道德规范，对个人品行和心灵成长也是一种有益的指导，对于净化人的内心、培养良好的品格具有不可替代的作用。"融善"于道德规范，还有助于维护社会稳定与和谐。道德规范可以约束人的作恶行为，可以惩恶扬善，它能够建立人与人之间、民族与民族之间、国家与国家之间的信任和尊重，实现社会共存互利。

"融"是变化，"善"是准则。人类的文明史并非一帆风顺，"融善"文化使人类文明围绕道德准则的轴线，螺旋上升发展。中国古代道德规范以儒家思想为主流，它天然具有"融善"的文化内核，从孔子开始，历经两千多年，逐步形成了诸如"仁爱""忠信"等重要的道德观念。儒家思想注重道德的养成和实践，在日常生活中强调尊师重道、诚实守信等道德规范。"诚意、正心、修身、齐家"已然成为中华文明的宝贵智慧和言行规范，这里的"诚意"和"正心"，其基础正是"融善"和仁爱，先有诚意正心作为基础，才有修身齐家的可能。良好的道德规范早已融进了中华文明的血脉，促进社会的和谐发展。

一个诚信的社会，会让公民的生活成本大幅降低，不用花费心思去防范尔虞我诈，不用担心自己的资产会被坑蒙拐骗；吃的喝的入口的，也会很放心。这充分说明了如果能把"善"融入社会的衣食住行领域，人们的生活幸福感也会得到巨大提升。诚如著名心理学家阿尔弗雷德·阿德勒所言"人的所有烦恼，来自人际关系"，在一段健康的人际关系中，诚与信、善与良至关重要。扪心自问，谁不想结交有诚信、讲义气的朋友？在人际关系中表现自己对他人的善意，不只是有教养的表现，还会让生活变得更美好。还有社会慈善，也是能够充分调动人们同理心、同情心的行为。在自然灾害和意外事故面前，来自亲戚、同事、朋友的及时安慰，来自社会陌生人的捐助和善心，总是能让当事人发自肺腑的感动，并在社会产生波及效应和示范效应，提升整个民族的凝聚力和道德水平。

近代以来，随着中国社会的发展和变革，中国社会的文化思想也经历了一定的调整和发展，马克思主义进入了中国，赋予了文化层面更突出的集体主义的道德规范，使个人的善和集体的善相得益彰。近些年，中国社会的道德层面建设持续发展，绽放出全新的生命力。2013 年 12 月，中共中央办公厅印发《关于培育和践行社会主义核心价值观的意见》（中办发〔2013〕24号）。24 字的社会主义核心价值观可分成 3 个层面：富强、民主、文明、和谐，是国家层面的价值目标；自由、平等、公正、法治，是社会层面的价值取向；爱国、敬业、诚信、友善，是公民个人层面的价值准则。十年来，中国共产党带领全党全国各族人民，将社会主义核心价值观融入日常生活的方方面面。

"融善"于道德规范，在社会生活实践中也面临着挑战和困境。其中一个重要挑战是如何在传统和现代道德观念之间寻找平衡点，使人们既能够传承"融善"文化核心，又能够适应日益复杂和多样化的社会生活。如何在演化之变中提炼不变准则，在不变准则中促发演化之变，成为时代的难题。同时，全球化和市场化也对道德规范提出了挑战。一些商业活动常常忽视道德约束，损害公共利益。在信息化社会，个人隐私空间日益紧缩狭小，毫无疑问，这对传播善念是一种损害。当人没有了隐私空间，也就失去了自由选择的权利。隐私权的减少，也导致很多人轻而易举地成为别人生活的判官，人们比以往任何时代都更容易暴露在陌生人面前，并承受别人不怀善意的指指点点，而这将会极大冲击社会已有的道德规范。因此，我们需要强化道德教育和文化自觉，尊重并保护个人的正当权利，使之避免遭受无辜的伤害，强调"融善"文化的现实应用，为道德规范提供更多的支持与保障。

"融善"于道德规范，一直以来都与社会的广泛需求相适应。在新时代，我们需要提出更加具有普遍性和包容性的道德观念，以适应多元化和全球化的趋势，并引导人们向着更加开放、包容、共赢的方向发展。同时，坚决捍卫"融善"文化传统，坚持以人为本、以和谐为本，凝聚人类共识，引领道德风尚，建设更加美好的世界。

第二章 "融善"文化的教育思想探寻

第一节 "德以融善"：教育的思想内核

在中国文化中，"德"可谓家喻户晓，深入人心。"德"的提出和倡导，奠定了几千年来中国文化的人文走向，展现出人类文明社会的特质，更是塑造了人类崇德向善的精神品格。

一、德，就是顺应自然律

道德与自然律之间的关系，曾引起古往今来、东西方很多哲学家、思想家的深刻思考。其中具有代表性的是德国大哲学家康德的名言，这句话出自他的《实践理性批判》最后"结论"部分的开头，并刻在了他的墓碑上："有两样东西，越是经常而持久地对它们进行反复思考，它们就越是使心灵充满常新而日益增长的惊赞和敬畏：我头上的星空和我心中的道德法则。"[①]

德，就是顺应自然律。首先，从道德的角度来看，德是指良心、人格、品德等方面的素养和行为准则。德能够调节人们的行为，帮助人们区分善恶是非。在传统哲学中，德经常被视为一种伦理规范，是遵循一些规则或准则

---

① 康德著；韩水法译. 实践理性批判 [M]. 北京：商务印书馆，1999：177.

去做事情的意识。从这个意义上来说，"德"是有目标、目的和意义的，它是为了达到社会和个人共同的利益，保持社会和谐、稳定的道德准则和规范。其次，如何理解自然法则？自然法则并非人类创造，也不受人类的控制和操纵，但它决定了我们所处的生态环境，以及大自然的运作方式。自然中存在着一系列的客观规律，比如地球的自转、气候变化、植物的萌芽等，这些规律构成了一个客观的、无法被人类所改变的世界。此基础上，我们再将道德准则与自然规律结合起来思考，"德，就是顺应自然律"这句话就容易理解了。它旨在告诉我们，道德准则必须考虑到周遭自然环境和整体生态系统的发展方向，以达到自然环境的动态平衡和人类社会的和谐发展。即人们的道德实践只有符合自然界的内在规律和发展趋势，才能真正造福于自己和社会。古代大禹治水，正是这种智慧的体现。大禹的父亲同样发善愿、行善举，想为万千民众消除水灾的威胁，但是他并不能正确恰当地运用自然规律，披肝沥胆治水九年，最终不但治水失败，未能帮助老百姓免受水灾荼毒，还搭上了自己的性命。大禹的初心和善愿与其父无异，但他的善愿基于一种更先进的认知，他洞察并且顺应了洪水的自然规律，采用"堵不如疏"的正确策略，终于治水成功，实现善愿。

所以，从更深入的角度来看，"德，就是顺应自然律"的底层含义是，道德准则必须与自然法则相协调，以实现最佳生态效益和尽可能最大限度地减少或消除对环境的损害。这里的环境包括自然环境，比如，不浪费水资源、保护野生动植物、促进能源节约和生态保护等，都是符合集体利益和自然法则的有意义的道德行为。环境也包括社会环境和人文环境，比如，正确理解达尔文的演化律在社会中的表现至关重要，而不能简单粗暴地采用优胜劣汰的社会达尔文主义主导社会发展方向。后者不但是不道德的，甚至是犯罪，并在20世纪给人类社会造成了巨大的破坏，导致了大量无辜平民的死亡，甚至出现了种族灭绝的恐怖后果。细致考察人类文化和社会发展的历程，可以发现，人类文明始终与自然密不可分。自然中存在着固定规律，正是通过观察自然，人类才走上了科学之路。而文明和文化的发展与自然演化一样，也必须遵守一定的内在规律和发展方向。在人类文明的发展过程中，曾经出现过许多与自然法则相背离的行为——如破坏生态环境、追求极端的物质享乐、社会达尔文主义、基于优胜劣汰观念基础上的种族歧视甚至种族灭绝等，这些行为给自然和人类社会造成了难以挽回的损失。因此，在现代社会，对道德准则的调整和改变已经受到了广泛的关注和哲学上的反思。

当前，世界各国面临着种种挑战，其根源既有政治、经济、社会因素，也有生态、环境因素。面对这些挑战，人们应该更加注重严格地遵守道德准则，从人类历史和自然法则两个重要角度出发，推动自然、和谐、共存和多赢的生态文明建设。这就需要我们在道德实践方面融入对自然法则的认识和思考，以达到自然平衡和可持续发展的目标。"德，就是顺应自然律"这句话正是传达了这样一种理念——道德准则不仅要考虑到社会利益，也要关注到自然环境和整体生态系统的发展方向，促进生态平衡和可持续发展。人类只有顺应自然律，与之相协调，才能实现美好未来的目标和愿景。

二、德与"融善"的文化共鸣

"德"这个概念，在中国文化中占有非常重要的地位。它有着良心、品德、行为准则等多方面的内涵。对于中国人来说，"德"是一种基本的道德标准和行为准则，在社会生活中有着重要的引导作用，以至于人们往往用"缺德"来形容一个人品德不端。

在中国传统文化中，"德"是道德准则的核心，人们视之为最高的价值追求，与"融善"文化相互映衬。老子曰："天下皆知美之为美，斯恶已。皆知善之为善，斯不善已。"① 这句话强调了道德准则的简约性，以及道德准则与自然法则一致的关系，道德层面"美善恶恶"，自然层面"趋利避害"。同时，中国传统文化特别强调人际关系和集体利益，认为每个人的行为都应该符合整体利益，而不只是追求个人利益。个人在集体中的位置，如同万物在自然界中的位置，应该井然有序，共存多赢。宋代儒家巨擘朱熹在教育思想中提出"学而优则仁"，即通过学习和进取来实现仁德，甚至有些偏执到了"存天理、灭人欲"的程度。虽然过犹不及，但这也充分体现出古人对"天理"和"人德"之间的对应关系有非常深刻的体悟与理解。以朱熹为代表的儒学思想家认为，仁是最重要的道德准则，因为它能够帮助人们建立互帮互助的社会关系。仁即是"融善"其中一个维度的体现。认识天理，顺应天理，也是道德适应自然律的要求。

明代著名心学大师王阳明提出并践行了"知行合一"的教育理念。他认为道德不仅是一种纸面上的知识，更是一种可贵的生活实践，在实践中才能体现真正的道德素养，才能知道何谓"融善"，何谓"德"，并将德与"融善"结合到生活的一言一行中。知者必行，行者必知，两者是和谐统一的。因此，人们只有在行动中才能真正了解道德准则的深刻内涵。作为自然界最具有智慧的物种，人类在社会中的发展，也体现了对自身生物本能的抑制。人类文明正是因为建立了各种规则约束，有了仁、义、礼、智、信等道德层面的律令，才真正迈入了文明阶段。在中国传统文化中，"德"与自然法则始终密切相关。《道德经》中的"道生一，一生二，二生三，三生万物"② 这句话，指出了自然演变过程中"道"和自然规律的内在联系，同时也反映了中国文化中一直强调的人与自然的协调关系。此处的"道"其实是"德"的另一面体现，和"融善"文化同根同源，不可分割。所以，在中国哲学和文化发展中，

---

① 崇贤书院编著，《道德经》200 句 [M]. 北京：文化艺术出版社，2019：106.

② 老子原著；陈忠译评. 道德经 [M]. 长春：吉林文史出版社，2004：88.

"德"与"融善"文化是相生相长、互相促进的关系。以德治国、厚德载物等都是德与"融善"产生共鸣的体现，我们要以德为基石，"融善"于社会的方方面面。

参照本书第一章的论述，在"融善"的概念中，"融"表示整合、统一和融合，是一个动态的过程，体现出人类的主观能动性；"善"表示良善，是人性的道德律属性。因此，"德以融善"可以理解为通过整合和统一良好的道德准则，实现自然与人类之间的和谐共生。

另一个至关重要的因素是"融"本身。"德"与"善"作为人类行为的道德准则，不是空中楼阁，不能高高在上，而是要融入人类生活的方方面面。"融"这个概念旨在指出整合不同的观点、形态和理论以达到更好的结果。我们回溯人类历史和文化的发展过程可以发现，在不同的时期和地域，存在着不同的道德准则和行为规范。然而，这些道德准则并非完全独立，相反，它们通常表现出多种方式的融合。

德、融、善这三个因素是相互关联、相互影响的，共同塑造和定义着人类社会和文明发展的方向与目标。人性本能绝不是只为了生存下去，人类追求生活的品质，追求精神的丰富。对道德的追求，推进了人类社会的可持续发展。

三、"德以融善"的现实意义

"德以融善"具有非常深远的现实意义。例如，在现代社会中，随着环保意识的不断增强，人们越来越意识到人类与自然的关系越来越紧密。人类对待大自然的态度也从无止境地贪婪攫取转变为有序理性开发，开展诸如"退耕还林""种林治沙""新能源革命"等善待自然的发展战略，以抚平大自然的伤痕，为人类的未来生存和长远发展铺垫基础。而在这个过程中，"德以融善"凸显出了它的实际意义。我们需要善待的不只是他人，更有大自然。如果我们能够遵循道德准则并顺应自然法则，就可以更好地实现生态平衡，保护我们赖以生存的自然环境。只有遵循自然规律、重塑人类对待大自然的道德善行，才能减少自然破坏，并实现人类社会的健康发展。

"德以融善"的另一个重要的现实意义与教育有关。对人类文明而言，教育是塑造道德素养和人格品质的重要手段。因此，探讨"德"与教育之间的关系对于理解"德，就是顺应自然律"这一原理至关重要。在中国传统文化中，教育被视为培养"德"的重要途径。古代儒家经典和现代教育思想，都强调了道德教育对社会发展的影响以及对社会稳定和谐的重要性。参考古往今来用于孩子教育的教科书，几乎都是讴歌善良、提倡道德的内容，而教育无一例外是想把人培养成"德智体美劳"全面发展的个人。然而，"路漫漫其修远兮"，教育尤其是道德教育的探索之路充满曲折和荆棘。比如，关于"性本善"还是"性本恶"的争论就一时甚嚣尘上，甚至到今天仍没有取得一致的意见。然而，不管是"性本善"还是"性本恶"，无非是从正反面论证了"善"的重要性。如果人"性本善"，那教育的目标之一就是呵护并培养孩子的善心，在日常生活中通过礼仪等具体形式表现出善意和道德。如果人"性本恶"，那么教育更是要义不容辞地肩负起"导恶从善"的使命重担。也就是说，无论如何，教导人们向善，并把善行和德行融入具体的生活，正是教育的作用和意义。在中国的传统文化中，"德"被视为最高的道德标准，代表着品德、良心等一系列在人们交往中应遵循的行为准则。而教育就是方法论，在"行走"中传承道德和良善，使人类文明的火炬永恒不息。

"德"在教育中的具体体现，主要是传授给学生一系列的道德准则和标准，诸如"路不拾遗""见义勇为""舍己为人""待人以善""诚信为本"，通过严谨的说教、生动的故事，把这些道德准则和标准传承到下一代人。在教育过程中，人们一向注重培养学生的道德意识和品德素养，旨在帮助学生建立正确的人生观和价值观。在现代社会里，"德"的教育不但没有过时，反而更加凸显出其维护公序良俗、保持社会稳定的巨大作用。在这种理念中成长起来的年轻一代，必将更有社会责任感和使命感。

四、德育的"融善"之路

如前所述，"融善"是中国传统文化中的一个重要理念，而"德"更是最基本的规范。

德育的"融善"之路建立在"融善"文化具有教育专有属性的思想基础上。首先，"融善"文化追求的是个体与社会的和谐统一。在这种文化中，人们强调个体自身的修养和自我完善，同时也非常关注个体与他人之间的平等互惠关系。在教育中，我们也强调要培养学生的个性发展，提高学生的综合素质，同时也注重学生之间、学生与社会之间的互助和互动关系。其次，"融善"文化强调尊重自然，顺应天道，保护自然。这一理念与"德，就是顺应自然律"是相通的。在教育中，我们同样需要教育学生如何尊重自然、保护环境，使得学生能够更加理解自然与人类的关系。通过恰当的教育，让人们懂得人与自然相互依存的关系，走出新能源革命、绿色能源革命之路。通过"融善"文化，把善念、善言、善行融入生活的方方面面，引导人们进一步思考自身与他人、与自然界的关系，这也是教育的核心内容之一。

第二节 "融以至善"：实业思想培养的历史启示

在中国历史上，春秋战国时期是思想和文化极为辉煌灿烂的时代，呈现出百家争鸣、百花齐放的面貌。

儒、墨、道、法、兵家等思想派别纷纷提出自己的见解和主张，彼此交锋且融合，形成了中华文明的思想宝库，至今仍对后人有深远的影响。其中以管仲与墨子为代表的思想家，提出了"经产"和"交利"的主张，这也是最早见诸史书的职业教育思想。"十年树木，百年树人"的观点即出自《管子》，《管子·权修·第三》载："一年之计，莫如树谷；十年之计，莫如树木；终身之计，莫如树人。"[1] 可见，管子不只是一名思想家和政治家，还是一名教育家，其"树人"的教育理念影响至深。管子另一个重要的、具有先启的思想正是其"经产"思想。"畜长树艺，务时殖谷，力农垦草，禁止末事者，民之经产也。"[2] 在百家齐鸣、论道谈兵的年代，以管子为代表的实用主义思想家把目光放在了民生上，对畜牧业、农业以及商业都有了初步的理解。

在西方兴起第一次工业革命的时候，清朝还在盛世的外表下乐享太平。中国近代经受了长达百余年的受欺压、受压迫的民族屈辱历史，其中一个关键原因正在于不提倡实用主义，更没有社会分工和现代经济思想萌芽，也就谈不上有职业教育。在国外工人已经被马克思与恩格斯、列宁重点关注研究的时候，清王朝统治下的中国依然是田园阡陌、大国小民，仍处在农业社会文明的层级。职业教育在长达数百年的时间里远远滞后于时代，直到近代一些胸怀广阔、睁眼看世界的知识分子与先进官僚著书立作，以身作则，才在铁板一块的农业僵化社会中，劈开一道通向实用主义、职业教育思想的缝隙。其中最杰出的两位代表是张謇和黄炎培。

张謇是近代"实业救国"的代表人物，对中国近代纺织工业发展有着突出的贡献。新中国成立后，毛泽东主席在与民主人士谈话中曾经肯定过以张謇为代表的实业家对民族工业发展的贡献。中国纺织工业有张謇坐镇；范旭东对中国化学工业发展立下不朽功勋；卢作孚则是中国航运业巨子，在长江

---

① 李元燕，李文娟译注. 管子 [M]. 广州：广州出版社，2001：26.
② 萧公权著. 民国丛书 [M]. 上海：上海书店出版社，1992：158.

航道为民族招牌占取了一席之地，更是在抗日战争期间发挥了巨大作用。

　　鸦片战争打破了清王朝天朝上国的美梦，越来越多心怀天下、心系民族兴亡的爱国志士纷纷探索救国之道。张謇们用尽一生心血，排除万难，筚路蓝缕，走的正是实业救国的道路。张謇萌发实业救国的思想，有其深刻的历史背景。甲午战争失败之后，目睹列强入侵、民生困苦，张謇研究了各国走向富国强民的历史，提出了"速讲商务，讲求工政"等"立国自强"主张，初步形成其"实业救国"的人生路径。张謇认为，"实业者，西人赅农工商之名"，"外洋富民强国之本实在于工"，传统的"农本"思想无力扭转中国的贫弱现实，而只有大兴"工艺"，才是"养民之大经，富国之妙术"，"非此不能养九州数百万之游民，非此不能收每年数千万之漏卮"。[①] 具体到实业创办，张謇提出了"棉铁主义""棉尤宜先"的战略，毅然投入疲敝的棉纺织工业建设。他因地制宜，利用南通的自然资源，自力更生，创办了大生纱厂，引进英国曼彻斯特生产的纺纱机。他兴办的各项实业均大量引入西方技术装备，同时也聘用了大量外籍人才来南通工作。1912 年 4 月，张謇创办南通纺织染传习所，次年定名为南通纺织专门学校。该举措在当时只是"小事一桩"，然而实质意义却非常深远。张謇等实业家意识到了职业教育和专业技能教育的重要性，因此创办职业类技术学校，专门培养纺织工人。张謇非常重视国民教育以及对人才的培养，他在 1920 年创办的大生集团刚开始赢利的时候，就着手兴办新式教育。他在南通创办了国内第一所师范学校，直到今天还在，改名为南通高等师范学校。此后 20 年中，他又陆续办起了 370 所小学、6 所中学和 10 所大学，形成了一个连续的教育系统。此外，他还配合实业的需要，积极兴办职业学校，先后开办了农业学校、纺织学校、商业学校、刺绣学校、女工传习所等学校。在时局动荡的 20 世纪初期，张謇矢志不渝地

---

① 苑书义等，编.张之洞全集（第二册）[M]. 石家庄：河北人民出版社，1998：998.

创办教育，其行为本身足以传承一种可贵的精神：实业救国。即使到了今天，这种精神仍然是职业高校的办学之魂。职业类院校是教育学生掌握实业技能和专业技术的教育机构；学生用所学到的技能知识服务社会、贡献国家，做强做大民族工业和产业，是职业教育的应有之义。这也是以张謇为代表的爱国实业家最宝贵的思想传承。与张謇同时期的教育思想家中，有人已经开始思考职业教育的理念与发展，其中以黄炎培为代表。黄炎培是中国近现代著名的爱国主义者和民主主义教育家，是我国近代职业教育的创始人和理论家。他将毕生精力奉献于中国的职业教育事业，为改革脱离社会生活和生产的传统教育，建设中国的职业教育，做出了重要的贡献。

黄炎培的职业教育思想源泉，一方面借鉴于西方先进国家的教育经验，另一方面从中国实际情况出发，反思当时中国自创办新式教育以来遇到的问题和教训，并在不断融合探索中形成了符合国情的职业教育思想。1917 年中华职业教育社成立时黄炎培发表的《中华职业教育社宣言》，标志着以其为代表的职业教育思潮的形成。自此，黄炎培的职业教育思想不断发展、成熟。他认为，职业教育的要旨有三，"为个人谋生之准备""为个人服务社会之准备""为世界、国家增进生产力之准备"①。黄炎培认为，所谓"职业教育"，顾名思义，就是"职业"与"教育"如何协调发展。其中，职业是社会分工的产物，而教育则是保证各行业发展的必要条件。职业与教育两者融合、贯通，是延续与促进社会生产和生活，增进生产效能、激发工作技能的必需条件。尤其对当时疲敝积弱的社会而言，职业教育有巨大的作用，有助于解决最重要的人民生计问题，有助于中国从两千年来以农业为主的国家向近现代工业化国家转型，消灭贫困，提升人民的生活福祉。

黄炎培等人的这种教育认识和观念，无疑切中时弊，超前于当时的时

---

① 中华职业教育社 . 黄炎培教育文选 [M]. 上海：上海教育出版社，1985：273.

代，也精辟地指出了职业教育的题中应有之义和思想内涵。黄炎培认为，职业教育应该是一贯的、整体的和正统的。所谓"一贯的"，是指职业教育应当建立起从初级到高级的职业教育系统。此外，职业教育包括职业指导应贯穿于全部教育过程和全部职业生涯，指导帮助学生形成终身受教育、终身学习的习惯和理念，建立起职业陶冶—职业指导—职业教育—职业补习和再补习的体系。所谓"整体的"，指的是不仅在学校教育体系中应有一个独立的职业教育系统，而且其他各级各类教育也要与职业教育相互沟通，即普通教育要适应就业的需要，而职业教育也不可偏执于实用技能，后者也要兼顾知识理论教育。所谓"正统的"，则是指破除以为升学做准备的普通教育为正统，而以为就业做准备的职业教育为偏的传统观念，职业教育的地位应与普通教育等量齐观、并驾齐驱，而不是受到社会的歧视。尤其是"读书人高人一等"的社会偏见根深蒂固，低估了实业型人才对社会的贡献和作用，为此需要正本清源，旗帜鲜明地提倡和普及职业教育。

职业教育的目的，在黄炎培看来，可以概括为"使无业者有业，使有业者乐业"。所谓"使无业者有业"包括两层含义：一是解决社会失业问题，让人尽其能，通过掌握实业技能谋得一份生计，保障个人和家庭所需；二是通过职业教育为工商业和实业企业的发展造就、输送实用技能人才，实现人才和工商业的互补。所谓"使有业者乐业"，是指通过职业教育，培养具备道德智能、专业技能和文化素质的人才，使之能够胜任其职、热爱其职，进而为社会稳定、发展、创造做出应有的贡献，从而造福于社会整体，富国强民。黄炎培经过数十年的教育实践，总结形成了社会化、科学化的职业教育办学方针。其中包括办学宗旨、办学组织、办学方式的社会化与科学化，即充分依靠和发挥教育界和职业界的各种力量，依据科学发展规律以及科学培养手段，丰富办学内容和方法，其实已经具备了"校企合作一体化"的教育思想雏形。黄炎培还根据职业教育的教学特点，总结数十年教育经验，提出了

"手脑并用""教学做合一""理论与实际并行""知识与技能并重"等主张，作为开展职业教育教学工作必须坚持的原则，直到今天依然发人深省，值得传承和借鉴。黄炎培非常重视职业教育中的"德育"层面，他认为职业德育的要求可以总结为四个字——"敬业乐群"，即：学生要对所学的专业、未来走入的职业具备好奇心和孜孜以求的学习心态，对未来将从事的事业要具有责任心，敬岗爱业，尽职所业，有为所从事的职业和全社会做出贡献的追求；而"乐群"的要求显然格局更高了一层，强调职业教育人才要投身于社会大家庭，先人后己，有"利居众后，责在人先"的服务乃至奉献精神，有与他人共同协作的集体主义精神。

作为中国近代职业教育的先行者，黄炎培及其职业教育思想开创和推进了中国的职业教育事业；其职业教育的思想核心是平民化、实用化、科学化和社会化，极大地丰富了中国的教育理论，并对 20 世纪二三十年代中国的教育改革产生了巨大的影响。以今人眼光观之，黄炎培的职业教育思想仍有深远的现实意义。在教育观念层面，学校、社会、家长和学生都要正确看待职业教育，不要给职业教育贴上"学生读书失败才去学职专"这类标签；在教育机制层面，普职融合是发展职业教育的关键，职业教育不意味着不学习科学文化，反而学校要更多地将普通教育中的精髓渗透到职业教育，提倡理论教学与技能教学并重；在教育方式层面，体力教育和脑力教育要结合，学校专业要与企业岗位相融合，职业教育不仅要考虑到学生的身心发展规律，更要考虑到市场对人才的需要，要适时地有针对性地培养人才，要做到人尽其才。

总而言之，张謇和黄炎培等教育家、实业家的职业教育思想和实践，对今天的职业教育者仍然是巨大的鼓舞，仍将不断启迪后人，传承职业教育的初心。

第三节 "融善惟举"：打造杭职院的"融善"校园文化

文化是人类社会的重要组成部分，指的是一定历史时期，一定地区或一定群体所共同创造或继承下来的精神财富。尽管文化也有实物遗址和遗产，但主要还是体现在精神财富的创造、开拓、流传和继承上。这些精神财富涉及面非常广泛，包括了语言、信仰、价值观、艺术、文学、传统习俗等，构成了人类社会的灵魂。文化是精神属性方面的财富积累，让人类摆脱蒙昧的状态。人们通过丰富多样的文化建设，反映内心世界、信仰灵魂以及价值取向，也影响着人们的日常行为。例如儒家文化倡导的中庸之道对人性、品格、言行规范有着深远影响和塑造作用。相比之下，西方文化更强调个性与自由。文化是人们对于自然、社会、人生等问题的理解，是人们对于未知的不断尝试和创造而形成的认知。不只是人类整体，任何一个小团体都有其文化特质。不同职业、团体之间不但有很大的文化差异性，还有多样性和相互渗透的特点。随着全球化的进程，各种文化都在相互交流和融合，形成了更加充满活力和多元化的世界文化格局。

对高等院校群体而言，建设适合自身的校园文化，其重要性毋庸赘言。在任何一个人类团体中，文化都是可以被建设的。甚至可以说，一支没有文化的团队，是没有灵魂的，注定只是一盘散沙。作为社会中的一分子，我们一方面要积极地了解和传承民族的文化遗产；另一方面，也要在此基础上形成自己所在团体的文化，以增强团体内部的凝聚力，促进团体有机健康发展。同时也要尊重和吸收其他文化中的先进部分，推动不同文化间的融合发展，用文化滋养人、哺育人、引导人，起到文化领航的作用。

校园文化是一个多层次的有机复合体，按文化类型来划分，可以将之归类为"亚文化"。所谓的"亚文化"是指与社会主流文化之间存在一定差异的、具有鲜明个性特点的、处于发展变化之中的某一个社会组织或群体的文化。它具有的人群主体或其他方面的差异，导致它与主流文化存在表现上的差异。校园文化与社会文化之间存在着密切的联系：一方面，社会文化在一定程度上制约着校园文化；另一方面，校园文化又对社会文化具有辐射影响作用。校园文化作为一种特殊的人类文化载体，天然承担着历史使命。校园文化建设既背靠时代、扎根社会，是社会与时代的文化产物，又反过来回馈社会，影响时代进程。此外，校园文化与社会文化也有可能产生冲突，在传统保守的社会文化氛围中，校园文化往往能产生鲶鱼效应，很多时尚的流行、亚文化的传播往往都发端于校园文化，这一点在互联网时代体现得尤其明显。校园里的青年们往往思维活跃，但缺乏阅历，棱角分明且容易冲动和情绪化，因而具有强烈的批判、创新精神，勇于探索未知和接受新鲜事物，导致在一些情况下，这一群体所具有的校园文化与社会文化不协调，在严重情况下还有可能发生冲突。自古以来，人们就对校园文化不断展开深入研究和思考，从古代的稷下学宫，到白鹿洞书院，再到近代洪堡创立的柏林洪堡大学，陶行知在重庆创办的社会大学，一代代教育领域的专家学者对校园文化不断研究探索。学者们借鉴了一般文化结构的划分标准，将校园文化分为物质文化、制度文化和精神文化。其中精神文化是校园文化的核心和灵魂，是形成制度文化和物质文化的前提和根源，这三个层次构成了校园文化这一有机复合体。

正因为校园文化有如此重要的作用、如此深远的潜在影响力，所以，高等院校要致力于构建适应社会、适应学生、适应人文教育理念的校园文化。校园文化的建设意义不啻给予校园以灵魂。杭职院也概莫能外，作为一所历史悠久、担负使命的高等职业院校，它不能闭门造车，而是要打开校门，走入社会，通过社会的风雨磨砺，培育校园的文化气候。通过多年对校园文化研究的了解和掌握，历经实践的考察检验，杭职院提出了一系列"融善"文化的校园构建方向：以"融善"为根，造就校园文化的底色；以"融善"为枝，深入校园文化的细节；以"融善"文化为业，彰显校园文化的引领。

杭职院从建校以来，经过积极的探索和实践，形成了具有自身特色的"融善"校园文化，而且与几千年来形成的中华"融善"文化若合符节。杭职院自办学伊始，便围绕"融"之重本、"善"之初心，倾力打造能够奠基思想、活泼创新、通迈远达的校园文化。学院致力于从古今中外的典籍、思想实践经验中钻研哲思和汲取养分，不断探索学院、学生、教师、专业健康发展的道路。通过对刻入中华文明基因中的"融善"文化的深入领会，以及对当今社会发展方向的合理把握，杭职院最终确立了"融善"的校园文化。杭职院之所以形成"融善"的校园文化氛围，与"融善"文化的理论指导和具体实践密不可分。理论指导是"融善"校园文化建设的教育思想、文化基础，本章前面几节已经对此进行了相关的展开和讨论。具体实践则是"融善"校园文化的另一个特色，它是行走中的知识，是知识在实践中的检验。杭职院将"融善"作为自身校园文化的灵魂和精神内涵，多年来一直对之加以贯彻。"融善"文化适应了新时代的价值观、世界观及文明观，跳动着时代节奏的脉搏，迎合了师生的精神文化需求，引导了师生的精神文化探索。中华五千年文明沉淀而成的"融善"文化是活水之源，是取之不尽的智慧文化宝藏；从中提炼的"融善"文化内核，强有力地支持了杭职院校园文化的诞生与落地、壮大与发展。同时，杭职院对"融善"文化的具体运用和实践也反过来丰富和发展了"融善"文化，最终让"融善"文化开花结果，给杭职院带来了文化繁荣，孕育出杭职院"融以至善""融善惟举"的校园氛围，为莘莘学子锻炼成才奠定了坚实的基础。

具体到校园文化建设，在杭职院这所独具特色的高职院校中，"融善"文化现在已经成为学院的优良传统，经过不断地酝酿、沉淀，"融善"文化已经深入杭职院产、学、研的各个环节，成为学院锐意进取、开拓创新的力量源泉。"融善"文化蕴含着"奋发向上""敢为天下先""寻求突破""融会贯通"等内涵，这些都存在于杭职院办学的具体理念之中。正是这种文化思想上的高瞻远瞩和战略谋划，支撑了杭职院由无到有、由小到大、由崛起到辉煌。在教育实践中，杭职院开展了诸如"重构课堂""联通岗位""双师共育""校企联动"等教育举措和项目，借由这些内容的构建凸显文化育人功能，明确教育的高等性，将"工学结合"与"文化育人"融会贯通。课堂的教学内容由"知识为主线"向"技能为本"转变。由企业全程参与育人过程，重新定位学生的社会属性：他们不再是校园温室里的花朵，而是在社会大熔炉里磨砺心智和职业技能的社会人。杭职院专门出台了《杭州职业技术学院在校生自主创业教学管理原则意见（试行）》，提出了给创业学生定制个性化培养方案的具体建议，学院可以不按正常的考核规则来考核创业学生。学生如有因自主创业公司的业务导致无法上课，可以提前请假，老师负责课后补课。如果创业有成，还可以抵学分。这一系列举措充分说明了杭职院的校园文化触角已伸向了社会和企业，鼓励学生走出象牙塔，使之不做纸上谈兵的书呆子，而是让他们在社会实践中磨砺自己、融而合之、"融善惟举"，最终让他们"融以至善"。

有了这样的校园文化，杭职院就有了原动力，具有更加鲜活的生命力。学生对社会从陌生到适应，从适应到创造，从创造到革新，真正把"融善"的校园文化融入社会洪流，使学校真正取得树人立人、成人成己的教育功效。如今杭职院抓住社会职业化教育普及的千载良机，根植"融善惟举"的深厚沃土，致力于培养适合时代需要的专业技术人才。坚持贯彻"融善"文化，使得杭职院形成了优良的风气，对在校师生有着良好的思想、文化导向，这将有利于引导学生锐意进取、奋发图强，使学生敢于探索、勇于创新，并使之善于将所学知识、技术融会贯通，实现个人与社会、时代的可持续发展。从杭职院走出去的学子们，不但具备社会急需的职业技术技能，为

"理工兴国"贡献一己之力，还具备"融以至善"的意志品质和精神追求，而这得益于"融善"校园文化潜移默化、春风化雨、润物无声地孕育培养。杭职院通过校企合作的办学模式使学生融洽地融入社会，并与世界、时代接轨，真正把"融善惟举"贯穿到教育行动和学习实践层面，并内化为学生的基本功，从而促进了学生人生价值的实现，推动了他们对社会发展多做贡献，实现了学生个人价值与社会价值的完美融合。

第三章 "融善"的价值观与文化符号

第一节 融在"社会主义核心价值观"

马克思列宁主义思想深邃远阔，包罗万象。其中，辩证法和"否定之否定"等核心思想蕴含了一种思想上的转化，揭示了万物总是在运动、产生矛盾并在矛盾中发展进化的客观规律。正如马克思所指出的那样：一样事物或者一个问题中，本身就包含了对抗因素的斗争，形成辩证运动；"是"和"否"之间相互转化，这本身就是一个"融"的过程。人类的发展、思想的发展，都离不开"是"和"否"的对立转化，在两者的辩证运动中，由"是"到"否"，再到"否定之否定"，就是一个充满动能的融的过程，即事物不断融入新的要素或与新事物相融合，不断发展。而在这个过程中，对立矛盾的事物会产生张力或矛盾，孕育出新的思想观念、新的事物甚至新的规律。

恩格斯也论述过人类乃至万物历史的创造过程，他指出："各个人的意志——其中的每一个都希望得到他的体质和外部的、归根到底是经济的情况（或是他个人的，或是一般社会性的）使他向往的东西——虽然都达不到自己的愿望，而是融合为一个总的平均数，一个总的合力，然而从这一事实中决不应做出结论说，这些意志等于零。相反，每个意志都对合力有所贡献，因而是包括在这个合力里面的。"① 可见，人类意志和历史意志是相互融通、彼此推动的。

由此扩展开来，人类方方面面的思想活动和社会实践，都存在矛盾对立共存直到融合变通的规律。把握了这个要点，就能理解马克思主义蕴含的许多"融合"哲理，并用它指导生活实践。马克思列宁主义的理论思想中，蕴含着"融"文化的思想脉络，所谓矛盾和对立也是相融的一部分。同样，体现在教育层面，马克思列宁主义和教育思想的天然相融，也具有重大的社会现实意义。2013 年 12 月，中共中央办公厅印发的《关于培育和践行社会主义核心价值观的意见》提出了社会主义核心价值观，给中国社会注入了鲜活的发展驱动力，它以 12 个词语 24 个字总结凝练了国家和个人的价值目标，明确了社会层面的价值取向，确立了公民个人层面的价值规则，构筑出新时代中国特色社会主义发展道路的未来愿景，为实现中华民族伟大复兴增添了无限驱动力。

社会主义核心价值观是党的十八大基于国家层面、社会层面、公民个人层面提出的价值观，反映了社会主义核心价值体系的丰富内涵和实践要求。其内容为富强、民主、文明、和谐，自由、平等、公正、法治，爱国、敬业、诚信、友善。社会主义核心价值观涵盖的三个层面，有机交融，层层递进，又互相补充，你中有我，我中有你，不可分割，系统性很强，是高度概括凝练而成的思想文化结晶，是中国共产党在新的百年征程起步阶段，总结过往革命斗争和经济发展经验而得出的。它贯穿"为人民服务"的初心和宏大主旨，为各个领域和全国人民价值观的形成，树立了风帆，确定了航向。

对杭职院而言，社会主义核心价值观给"融善"文化注入了全新的思想

---

① 马克思，恩格斯著. 中共中央马克思恩格斯列宁斯大林著作编译局翻译. 马克思恩格斯选集第 4 卷 [M].
北京：人民出版社，1995：697.

生命力，极大地充实、丰富了"融善"文化的内涵和外延。社会主义核心价值观体系中，富强、民主、文明、和谐是国家层面的价值目标。任何个人或者团体的发展都离不开国家发展的时代背景。背靠国家的富强，并以此为基础，才能有个人广阔的发展空间。只有国家民主文明和谐了，才能滋生出丰富正面的精神财富，孕育出文明发展的深层土壤。精神文明与社会生活是相融共生的。自由、平等、公正、法治是社会层面的价值取向。对一个社会而言，只有遵守和信奉相关规则，才能规范和引导公民参与到社会事务，使其成为促进社会发展的积极力量。自由、平等、公正和法治，从四个维度阐述了社会主义核心规则。个人和企业知法守法，维护社会公平，视其他人为平等个体，则每个社会个体才能受益，这也是对"德才兼备"的侧面剖解，是社会主义核心价值观融入教育思想的鲜活体现。爱国、敬业、诚信、友善是公民个人层面的价值准则。杭职院"融善"文化的全新生命力正是从个人层面迈步的，教育学子们爱国，使之为建设社会主义美好中国贡献力量，是当今职业教育发展中不变的主题，再怎么强调也不过分。"敬业"价值观对我国职业教育而言，更是题中应有之义和教育基石。不敬业者，何谈就业？何谈具备就业竞争力？

显然，从马克思列宁主义思想的层面追溯与延伸，杭职院"融善"文化可谓与社会主义核心价值观融通相合，并产生了强大的化学反应，"融善"文化在信息化社会和互联网时代有了全新的扎实的落脚点，有了更加务实、更加深刻的思想内涵，成为杭职院发展壮大的文化支撑，成为杭职院在新时代背景下的文化符号。

第二节　校徽校训

　　杭职院以"融善"文化作为基础，在着力建设校园内部人文环境的同时，也积极延展学校外部的种种文化，内外兼修，营造德学并举的校园教育氛围，擦亮学校"融善"文化金字招牌，通过各种形式表现、传递文化内涵。具体的方式有：对内通过校园景物造设江南风韵，如梨花院落、流水人家，让杭职院人行走校园中如沐春风，使之感受文化气息、领略文化之美；通过校园小品、校史馆、博物馆、特色实训室等环境布置影响学生的感知，使环境结合人文，让教育理念有形化、外在化。对外，最关键的举措是精心凝练校徽、校训、校歌，将其作为展示学校形象、宣传杭职院文化理念的重要窗口，以及通过展示名师名言，举办特色人文活动、校友会联谊等方式，熏陶浸润学生的心灵，创造学校品牌效应，凝聚团结学生及各届校友，树立良好的社会形象。

　　杭职院的校徽先后有过两版设计，如今新校徽已经启用，象征着杭职院走入了一个全新的发展阶段。早先的校徽呈盾牌形状，以盾牌形为主视图，周边镶以蓝红钻石剖面。最新的校徽设计则更有现代感，内容形式更为全面。新校徽由四个部分组成，分别是核心图形、圆形外周、中英文校名以及办学时间。四个部分融合为一，构思简洁、逻辑严谨、留白合理、结构平衡且极具美感。新校徽的核心图形，也是校徽的灵魂所在，结合了杭州、杭职院字母简称中的"H"和"Z"两个字母，很直观地展现出了校徽的主体——坐落于杭州的杭州职业技术学院。圆形的外周则是在兼具校徽美感的同时，彰显通融之道。自古以来，中华文明中就有"天圆地方"的构建思想，它是一种文化和道德层面上的阐述。作为一种道德文化上的认识，"天圆地方"指导人们从哲学角度思索世界和人。知天命，也敬畏天命，可以让人保持谦虚、低调奋进，以图有所作为。先哲曾子在《大戴礼记·曾子天圆》篇中论述了"天圆地方"的深刻内涵："参尝闻之夫子曰：'天道曰圆，地道曰方，方曰幽而圆曰明；明者，吐气者也，是故外景；幽者，含气者也，是故内景，故火日外景，而金水内景，吐气者施，而含气者化，是以阳施而阴化也。'"正如曾子所言，天道为圆，地道为方，阴阳参差，交化无形，融而通之，物境幽明。天地者如是乎，为人者也应当遵循天道，保持外圆而内方。做事以及与人打交道的时候，要有高度的灵活性和通融性，然而内心则要恪守原则，绝不在原则问题上让步。杭职院的教育改革之路也经历过大风大浪，需要解决许多随时可能出现的棘手问题，这就需要思维灵活、学会融通，但杭职院的核心教育理念和原则是不变的，对学校的"融善"文化也恪守如一。校徽上的"1960"代表年份，这一年，杭州职业技术学院诞生了，起初的名称是杭州机械工业学校。杭职院的变迁，也曾经历过大落大起、沧海桑田。1996年杭州职工大学建立，杭职院有了雏形。一个简单的年份数字背后却深藏历史上的艰苦奋斗、悲戚欢欣。念天地之悠悠，追寻建校源头是极有历史意义和现实价值的。杭职院在时代的大潮中应运而生，六十多年来风雨兼程，其茁壮成长的历程本身就彰显出"融善"文化的文化张力。同时，校徽巧妙融合"工"和"匠"两个汉字意蕴，体现了学校自建校以来一直致力于培养高素质技术技能人才、能工巧匠、大国工匠的育人目标。学校始终把人才建设放在首位，着力打造一支高水平的师资队伍，这是教书育人的前提。校徽的颜色也有其深刻和特殊含义。校徽的主色系是智能蓝，辅助色则为白色。蓝天白云，格局高远；蓝白两种颜色搭配在一起，清晰醒目，给人十分悦目的感觉。校徽整体的构型也契合中国绝大多数高等院校的校徽设计风格，简约、大气，给人以深刻的第一印象的同时，还便于传播。

可以说，杭州职业技术学院的校徽设计方案体现了原创性、独特性和艺术性，融合了杭职院深厚的历史文化底蕴以及蓬勃发展的原动力。校徽从旧式变新式，应和了时代的变迁。在中国特色社会主义进入新时代，我们党团结带领人民拼搏奋斗、最重要的时代号角已经吹响的今天，杭州职业技术学院担负着全新的、重大的历史使命。在继续推动生产力发展、坚持发展是硬道理的基础上，杭职院将进一步深化教育改革，厉兵秣马，再次创业创新。

"融惟职道，善举业德"八个鎏金大字，书写在杭州职业技术学院的校园内，它正是杭职院的校训。理解透彻了这八个字，就能深刻理解杭职院是一所什么样的高职院校，理解它的教育理想、理念、目标以及方法、范式是怎样的。对杭职院的八字校训，可以有不同层面、角度的观察与理解。从杭职院学校层面而言，要率先垂范，做到对"融惟职道，善举业德"八字校训的恪守。也就是说，校训首先是学校对自身的要求，对自身的审视。高职院校的天然使命，就是成为沟通学生和未来就业岗位之间的路径，为学生顺利走向社会搭建一座桥梁，教习传授学生未来走向社会专业岗位所需要的职业技能和专业知识，教习传授学生正确的三观和职业态度，一切为了学生实现体面就业。"融惟职道"的重要一层含义就是把职业技能的教习培训融入学校的教学，融入学生的日常学习，使学生能够在三年的学习期间，掌握社会和行业产业所需的职业技能，并且成长为终身学习者，进一行爱一行，把一件事做深、做透、做至终身。"职"之"道"，也就是教育之道。杭职院对教育文化理念本源不断探索、不断挖掘、不断拓展、不断总结，并结合现实、适应社会、融通产业、改革专业，使杭职院的教育理念和方法始终不离本源，并具有极强的适应性和灵活性。因此，从学校层面总结，"融惟职道"既蕴含着治学理念又饱含哲学思维，它既是历史的沉淀，也是历史的总结，更是历史的传承，以"融惟职道"作为校训的第一句，喻示着杭职院对中国现代职业教育方向的认定及其对内容、形式、方法及至技巧、技能的充实、丰富、提高与发展。

校训的下半阕，是"善举业德"。顾名思义，"善"文化是基础，也是杭职院"融善"文化历来所大力提倡的高职教育理念和目标。所谓"善"，对学生而言，就是来到杭职院后，能够得到灵魂上的洗礼再造、技能上的磨砺出新、三观上的端正严谨、求学治身上的不断探索。所谓"善"，对教职工而言，是其将自身成长与发展的职业规划融入学校的发展后职业技能的不断提高，实现教学相长。"善举业德"一句中，善是基础，是文化核心。"善"表达着学校遵循"善本"施教原则，教师担当举善学、垂善行、尊善义、兴善业之职责，学生树立学而唯善、德能并蓄、唯善是举、德技双馨的学习观、道德观和价值观。"业德"的概念内涵丰富，外延深远。"业德"是一切职业技能的道德基础；有才有德之人，才是造福社会之人。强调"善"，强调"业德"，强调二者相融，倡导德育为先，业德、艺德、技德为先，始终把教导学生服务于社会整体利益作为教学的第一位目标。

杭职院校训凝练了学校的文化成果，而学校的"融善"文化代表着正确的价值取向和先进的文化发展方向。"融善"文化赋予学校办学的时代内涵，增强了职业院校素质教育的实效性，使受教育者将之内化于心、外化于行。杭职院的八字校训"融惟职道，善举业德"概念完整，指向明确，逻辑清晰，寓意深刻，内涵丰富，外延盈厚，哲思深远，核心凸显；语言前后对仗，上下对位，结构紧凑，简洁凝练，抑扬顿挫，韵律明快，朗朗上口，易于铭记，利于传播。在杭职院"亮化"文化育人活动中，宣传校训的深刻含义，在教职工和学生的心中形成教育共识，使之对学校的教学发展方向一致认同，对学校的发展有着不可估量的作用。

在"融善"文化的核心理念和基础之下，杭职院通过八字校训，对内融合凝聚人心，对外则昭示着杭职院走中国特色职业技术教育之路，践行社会主义核心价值观的决心。"融惟职道，善举业德"是杭职院的教育实践训诫，全校教职工都秉持八字校训，以高超务实的教育方法、严谨自律的职业操守，率先垂范，引导学生，关爱学生，奉献社会，让广大学生成为掌握相应专业知识、能够胜任工作需要、可以立足社会生存、具备相应职业技能、具有职业道德素养的高技能人才。为响应浙江省政府加快打造新时代文化高地号召，为高质量发展建设共同富裕示范区注入强大文化力量，杭职院以校徽、校训作为文化载体，打造了具有浙江辨识度和杭州韵味的重要文化标识。杭职院传承宋韵文化，融入工匠元素，对学校校徽、刀旗、标识、导引牌、楼宇命名等进行了整体优化。八字校训的鎏金碑文位置醒目，字迹具有历史穿透感。校徽及校训成为展示工匠文化内涵的生动注脚。校徽和校训就是杭职院的门面、名片，它承载着杭职院的文化内涵，也孕育着杭职院对未来的期盼和教育追求，千里之行，始于足下，杭职院未来已至。

第三节　校歌词韵

曾有学者研究指出，人类对音乐的使用，甚至比使用语言还要早。音乐起源于人类对自然声音和动物声音的模仿：自然界有高山流水、鸟虫蝉鸣，人类早期就生存在大自然中。数百万年的进化演变，使得人类把对音乐的感受和共鸣深深刻入了基因里。甚至有时在语言都无法交流沟通的地方，音乐却可以大行其道。

《道德经》曰"大音希声，大象无形"，老子的美学观认为：艺术的真正意蕴是不能为视听感官直接把握的，它真实存在着，却不是有形的艺术语言能表达出来的，需要审美接受主体以心境去感受。艺术作品的真正价值不在于语言层，亦不在形象层，而在超脱于艺术语言、艺术形象之外的意蕴层，只可意会不可言传也，这当然是音乐的最高境界。音乐是用来传达意境、交流感受并形成情感共鸣的。古代时期的军队，往往都带有战鼓，每每用于战场厮杀之前鼓舞士气、凝聚斗志。在这种场景下，音乐也不再局限于个人的创作和感受，而具备了凝聚人心的作用。

到了近代，上到国家，下到普通团体，创建一首团队歌曲已经成为常态。国家有国歌，每当听到国歌嘹亮响起，人们内心会生出肃穆、敬重之感，当国歌在战场或者运动赛场上响起，人们的民族自尊心、自信心油然而生。很多团体诸如公司、学校、协会、球队也都写下了自己的团队之歌，都是为了对内对外传播该团队的价值观、文化理想，展现该团队的精神面貌、奋发进取的态度以及独特的个性。杭州职业技术学院的校歌，名为《杭职之歌》，它立足杭职院的历史，关注杭职院的现在，展望杭职院的未来，紧靠杭州职业技术学院的创校背景，展现职业技术工科类院校的专业特色。铿锵有力的歌声凝聚了全校师生的爱校之心，鼓舞了全校师生的进取斗志，昂扬了全校师生的奋发姿态。在嘹亮的歌声中，全校师生回顾杭职院艰苦奋斗的历史，重温杭职院"融善"文化的渊源，体味杭职院与时俱进、披荆斩棘的创业历程，弘扬爱党爱国爱校的集体主义价值观、道德观。

从校歌中，杭州职业技术学院的所历、所感、所思、所悟得以生动地展现。校歌《杭职之歌》由时任学校党委书记安蓉泉作词，浙江音乐学院阎宝林（宗衡）教授作曲，以富有江南音乐特点的曲调为主旋律，传统与现代音乐元素相融合。对于一首歌曲来说，它的旋律是灵魂，歌词则是铮骨。从歌词中，人们能感受到这首歌曲所表达的意境、娓娓道来的故事，以及深藏其中的文化与价值观。《杭职之歌》歌词简短凝练，字词句平仄相合，起承婉转，用语精当。

校歌以"西湖水荡漾，钱江潮拍打"起句，表达出杭州职业技术学院的杭州情缘，点明杭职院姓"杭"的建校基石。杭职院的发展离不开杭州市的发展，这是学校发展的大背景。江南水乡，天下苏杭。杭职院坐落在杭州，这为学校的长久高质量发展奠定了坚实的基础。重温杭职院筚路蓝缕的办学创业史，用"企业牵手来，行业抚养大"来形容非常贴切。高职院校的教育目标就是想尽办法提升学生的职业技能，并最终体现在就业率上，实现学生对社会的主动积极适应，实现学生体面就业。因此，杭职院从诞生之初，就积极牵手企业，并且形成了这样的办学理念——与头部行业中的企业佼佼者合作。合作的目标企业在所属的行业、产业、专业中都是顶尖的存在，这对学生的学习成才具有决定性意义。社会随着时代在快速变迁，而行业产业与专业也随着市场经济的波涛起伏变化，有的行业消亡，有的行业兴盛。随行业产业之变而进行学校的自我改革，破除传统陈旧思想的桎梏，是学校适应社会市场和行业产业最具挑战性的地方。杭职院积极应对了挑战，不断推陈出新，不断自我革命，紧跟时代发展的主潮流和大方向，始终秉持与先进产业和优秀企业联手合作的理念。

"校园播希望，学子走天涯"，青年学生的人生道路在自己脚下，学校是学生成才的领路人，是铺路石。为了学生成才，学校教职工俯首甘为孺子牛，教书与育人并重。学校既重视传授学生专业技能和职业知识，也重视教导学生三观端正、态度积极，把莘莘学子教育成终身学习者。未来天涯路远，每位学生不管走到哪里，都能走出自己的精彩人生，这是杭职院最衷心最美好的祝愿。而青年学子既肩负着重担，也象征着民族与国家未来的希望，是早上八九点钟的太阳，国之未来由他们书写。杭职院的历任领导者和教职工对"一代一代风雨行，一辈一辈时空跨"的传承理念始终不渝，这得益于杭职院"融善"校园文化旺盛而长久的生命力。"融善"是学校的魂魄，是主心骨，是一代代相传而恒久不变的文化命脉。因为"融善"文化的纽带作用，杭职院才能在几十年的建校生涯中，走过一代又一代而不忘初心，走过一辈又一辈而不忘目标，"融以至善"，蜡炬成灰，火尽薪传。

校歌的第二段歌词，以"善湖风习习，银杏林沙沙"开唱。一幅幅美好的校园美景呈现在眼前，杏叶飘飞，善湖佳人的画面，充满诗情画意。杭职院的校园景色布置配合了"融善"文化的内涵，善融于物，以物寓意，以物达情；文化不再是务虚而缥缈的意识，而是化为别致的风景，一树一石，一砖一瓦，都熏陶出浓郁的校园文化氛围，引人流连而忘返。"课堂学机理，车间教方法"则体现出杭职院校企共同体的教育模式，两手抓两手都硬，学生既能够在课堂上完成理论学习，也能进入实训基地、走到模拟工位，在车间岗位进行实践操练，从而成长为具备扎实理论知识基础、动手能力远超同龄竞争者的优秀"社会人"，成长为社会市场真正需要的人才。"服务提素养，社会塑风雅"，则是校园"融善"文化的另一个剖面。学校与学生之责，在于服务回报社会。真正的社会栋梁，必然具备强烈的社会责任感，从而为社会做出力所能及的贡献。而学生走出课堂、步入社会后，各种实践学习锻炼把他们培养成了历经社会风雨摧折后成熟饱满的人才果实，而不再是温室里长不大、娇滴滴的花朵。在杭职院的三年学习生涯中，学生"提前"步入了社会，汲取社会方方面面的知识，有了丰富的阅历和宝贵经验，然后在就业真正融入社会时，如蛟龙入海，到中流击水，浪遏飞舟。

"跨界合作融四海"凸显了杭职院高瞻远瞩的战略格局，以及"融善"文化潜移默化的作用。杭职院包容、开明的办学风格有口皆碑，深受广大师生们的好评；全体师生员工在杭职院的校园环境中能够真真切切感受到学习的动力、学习之美好，并产生教学互融的推力效应，实现教育多赢的局面。很多优秀企业也都纷纷参与到学校的教学流程环节，派遣企业技师到学校进行指导，甚至联手成立相关二级学院、专业岗位或者工作室。另一方面，学校的创业文化也发展得生机勃勃，很多优秀毕业生都实现了自主创业，成长为青年企业家，为社会做出巨大贡献。"梯度育人善天下"，杭职院将教书和育人并重合一。学技能和学做人不可偏废，既不能当无用的好人，更不能当有本事的恶人。学校一贯强调将"善"文化融入学科专业、院系课堂的每一个环节，以对学生高度负责的教学态度，引领学生在人生最关键的青年时期树立正确的价值观、人生观和世界观，从而济善天下。

校歌中最后一段歌词，感情饱满，唱出了杭职院的心声："啊，星河灿烂，师生无价；啊，日月经天，为我中华！"在为建设新时代中国特色社会主义而奋斗的今天，在走出国弱民穷受欺压的历史后，我们又要肩负起中华民族伟大复兴的历史使命。杭职院既关爱师生，也为他们实现人生追求提供了广阔舞台。未来是星辰大海，远航在即，长帆已鼓满海风。杭职院历经磨砺，在岁月更迁中，不断进行教育革新，为中华之崛起而贡献教育力量，培养社会栋梁，日月为证，"融善"初心将源远流长。

整首校歌旋律优美、歌声嘹亮，主歌旋律为传统的七声调式。柔婉细腻的曲调，表现了江南杭职院的历程和今日杭职院之魅力；宣传片视频配上如诗如画的校园风情，师生精神饱满的学习、工作状态，使得音、画、词得到了高度融合。副歌以明朗的大调及混声四部合唱，着力表现杭职院师生的人文精神和家国情怀。歌声如山谷流水，宛如从高坡缓缓流淌而下，娓娓道来，在逐渐过渡中渐成高山流水之声，节奏轻快，歌声高亢。听众的情感和思绪在高潮中达到共鸣，完成了与杭职人的心灵对话、文化交流。

第四节　两大指向

在学校发展历史上，2014年是值得铭记的一年，这一年杭职院召开了第一次党代会。在这届党代会上，学校旗帜鲜明地提出了建设国内一流高职院校的宏伟目标，并提出了针对性的发展战略，即"12345"发展战略。咬定"一个目标"，即建设国内一流、具有一定国际影响力的高职院校。扣住"两条主线"，即"以深化校企合作为主抓手"的工作先导主线和"以提高培养质量为核心"的内涵发展主线。突出"三个着力点"，即突出"特色兴校、人才强校、制度立校"这三个推动和保障学校可持续发展的着力点。深入实施"四大战略",即实施开放合作战略、集约发展战略、文化引领战略、和谐幸福战略。重点推进"五项建设",即把专业建设、文化建设、队伍建设、服务能力建设、党的建设摆在更加突出的位置,带动全盘工作,稳步推进成为国内一流、具有一定国际影响力高职院校的建设进程。

在这个宏伟战略规划中,第二条突出了教学工作重中之重的教育指向,即推动"教师幸福生活、学生体面就业"在学校教学中的全面落实。顾名思义,所谓"教师幸福生活"指的是从教师的角度、立场和利益层面去思索如何使他们过上幸福生活。教师队伍是学校的教育骨干力量,是校之重器,他们的生活幸福与否,直接关乎学校是否健康发展,是否有勃勃生机,以及教师是否有热爱工作、热爱学生的心态和胸怀。一个身心幸福的人,自然会把他身上的光和热散发出去,从而影响周围的人。教师能够直接影响学生,教师的情绪、气质、认知和脾性,都会对学生学习的质量产生强大的影响。很多学生会因为不喜欢某个教师而排斥该门课程。同理,很多学生会因为单单喜欢一个教师的人格魅力和讲课风格,喜欢这个教师身上洋溢的正能量,就全心投入该课程与专业的学习。这个现象在教育领域屡见不鲜。所以,在制定教学全面发展的战略中,如何使教师感受到幸福成为一个重要议题。为此,杭职院开展了很多相关的工作,为教师搭建家园般的校园环境。

学校着力强化教师对学校顶层设计、发展道路、管理服务、人才培养、社会地位、杭职家园的认同感、愉悦感、满意感、成就感、归属感,极大地提升了教师的幸福生活指数。学校认为,在教师工作时间最长的校园里,影响教师幸福感的最关键因素是价值认同。

学校是教师施展才华、发挥创造、成就功与名、实现理想的工作场所。学校紧抓教师价值认同感这一命题,想尽办法,出台各种政策,以帮助教师找到价值归宿。只有在价值观上取得了一致,教师才能够完全发挥自己的才能，为学校和学生甘洒热血，甘于奉献，因为他们所有的奋斗，都建立在他们对学校发展价值观高度认同的基础之上。除了价值认同，还有能否取得职业成就、是否有个人成长的广阔空间、学校是否提供了个人发展的支撑平台，以及能否尊重教师的人格和尊严等问题，对这些问题，杭职院给出了坚定的回答：是，必须能做到。于是多年来，杭职院一直保持高投入，用以建设和谐校园以及教师发展平台，制定了类似《师资队伍建设"十三五"规划》等方案，实施教职工职业生涯规划、教师能力提升计划、"51133 人才高地计划""教师企业经历工程""教师学生工作经历工程"、组织教师出国研修等相关制度，为促进教师专业成长出政策、搭平台、维权利、优环境，营造了教师和谐相处、共融共进的精神家园，大大提升了教师的职业成就感、幸福感。

杭职院对"教师幸福生活"的教育目标的追求，除了积淀于"融善"校园文化而产生的对教师利益的重视，还有其深刻的社会发展背景，并非一时兴之。杭职院聚焦浙江制造强省战略，着力把学校打造成"工匠摇篮"，顺应教师队伍"大国工匠"之理想。学校积极主动集聚和对接各方优质资源，趁着校企共同体、产学结合的教改东风，建设"工匠学院、工匠书院、工匠研究院、工匠文化博物馆、工匠培训中心"，系统开展浙江工匠精神研究、浙江工匠文化传播、浙江工匠队伍培养等工作。开展"大国工匠进校园""德技大讲堂"等活动，着力培养一批专业对口率高、可迁移能力强、企业满意度高、德技并修的新时代工匠人才。除此之外，学校还充分发挥党建作用和文化优势，以党史学习教育为契机，打造"精于工、匠于心、践于行"的工匠文化育人体系，将"弘扬劳模精神和工匠精神"贯穿育人全过程，从"匠心启航""匠心修养""匠心技艺""匠心研究""匠心传承"五大维度着手，实施"匠心"培育工程，开展"致敬工匠精神、匠心学习技能"主题活动，以自己的方式致敬工匠日，学习新时代劳模的工匠精神。

杭职院开展"工匠精神"的学习推广活动，有两个层面的成效。一是培养了一大批技能卓越、奉献匠心的教师队伍；教师既是传授知识之人，更是终身学习典范。二是培养了具有高尚道德情操、深厚人文底蕴、追求精益的职业态度以及精湛专业技能的新时代学子。二者相辅相成，共同成长。杭职院在"教师幸福生活"的教育办学指向上毫不松懈，不断拓宽办学视野，整体提升学校办学水平，打造了数控技术等五个"办学条件优越、教改业绩突出、行业影响力大、社会认同度高"的优势特色专业群，持续推进现代学徒制人才培养模式改革，建成了一支校企"身份互认、角色互换"的高水平师资队伍。教师得到了成长，有了施展抱负的广大空间，技术技能积累与社会服务能力明显增强，国际交流与合作水平显著提升。至2019年12月，学校以过硬的综合实力入选"双高计划"建设院校B档，跻身全国高职院校前30强，出色地完成"国家优质校"建设预期指标，并且取得预期成效，学校也由国家优质高职院校建设阶段进入国家"双高计划"院校建设阶段。这一切成果的取得，也形成了良性循环，进一步增强了教师的自信心、尊严感和幸福感。

杭职院"学生体面就业"的教育指向，也是学校最基本、最重要的办学思想之一。高职院校要想永续发展，学生就业率永远是一个硬性指标，胜过千言万语的表面宣传，是吸引生源，获得社会、政府、家长认可的根本所在。因此，杭职院始终把学生就业率放在首位，而且提出了"学生体面就业"这一说法。何谓"学生体面就业"，从字面理解，就是学生找到了社会认同度高，有一定社会地位，薪资待遇比较理想，个人事业发展空间较大，能够完美融入企业、融入产业、融入社会的就业岗位。这就对学生的专业方向选择、专业技能精湛程度、专业岗位的社会适应性提出了很高要求，也促成了杭职院不断自我革命，完善专业设置，开启了校企一体化进程。学校审时度势，关闭了许多已经在社会上不受欢迎、就业前景狭窄的专业，重构课堂，打通课堂与车间的"墙"，连接专业与产业。对现有专业，按照社会市场需求，精心调研，认真考证，进一步细化专业方向。比如达利女装学院就把服装专业细化到了女装设计等几个看似狭窄但却很有社会适应度的专业方向上。这种专业上的狭窄，反而成就了专业上的精深。贪大求全是无法形成竞争力的，反倒是在某个专业做精、做细、做深，才更有利于形成竞争力，甚至会集聚出品牌效应和 IP 效应。

为了使所有学生实现体面就业，学校还在管理机制上大做文章，"火车跑得快，全靠车头带"。学校成立了学校、二级学院两级就业工作领导机构，形成了"一把手"负总责、职能部门和二级学院抓落实、全校教职员工共同参与的就业工作体制，分工明确、层层递进、层层融合，聚合成了管理机制上的"海啸效应"，把"为了学生体面就业"落实到了各个骨干管理层级，上下一条心，统一思想。此举也为杭职院的各项教育改革举措的顺利实施奠定了管理基础，畅通了管理机制。学校创新性地提出了"创业带动学业，提升就业能力"的创业教育理念，建设创业园，营造学生创业氛围：由学校提供资金等方面的支持，教师和企业技师给予专业方面的指导，极大地激发了学生自主学习、奋发学习专业技能的热情。学校构建了"通识教育＋创新教育＋专门教育＋创业实践"的渐进式创业教育体系，一步一个脚印，多维度助推学生提升就业能力。学校还制定了科学的体面就业评价指标体系，力推"企业主体、学校主导"的校企合作育人机制，出台了有关"护犊资金""领航导师"、个性化培养、文化梯度育人、职业素养教育、师德师风建设等一系列制度性规定，每一项制度举措都点到了关键，落在了实处，成效显著。

杭职院依据自身情况，背靠杭州市大发展的纵深战略，逐渐摸索出了"杭职模式"，并在全国高职院校范围内具备了影响力，引发各方关注。学校创新形成了以"友嘉模式""达利现象""校中厂、厂中校"等校企高度融合为典型特征的工学结合人才培养模式。类似的教育创新受到了学生的广泛欢迎和积极参与；学生相当于"提前就业"，提前适应社会节奏和满足企业岗位需求。这保障了人才培养工作质量，极大地提升了学生的综合素养和就业竞争力，为学生体面就业奠定了扎实的基础。众多企业都高度评价杭职院的毕业生能够"无缝隙"无过渡期地融入工作岗位，"即插即用"。毕业生的工作心态稳定，职业态度积极，工作技能专业，成熟老练，适应性极强，在入职时期就有了精彩的开始。

如今高职教育进入了"双高时代"，高职院校发展迎来了春天，得到了空前的重视。《国家职业教育改革实施方案》适时推出，挥出职业教育改革的"组合拳"，重点推出国家"双高计划"，大力扶持一批高水平高职院校、专业群建设，这为高职改革发展指明了方向，对高职院校的学生而言也是巨大的机遇。杭职院紧紧抓住国家战略和城市发展的机遇，在新时代新形势下继续探索实现"学生体面就业"的教育模式和范式方法，并从教育教学、课程体系、教学资源、教学方法建设与改革等方面入手。可以预见，未来杭职院的学生将在社会和企业里更加吃香，技多不压身，学生不但能吃饱饭，还能有尊严、有体面地端起饭碗，其能力和价值也会得到全社会的高度认可。

杭职院与"融善"之时代关联

中篇导读

本篇回顾了中国职业教育从嗷嗷待哺，到艰难求索，再到规模壮大，最终上升至国家战略层面部署的历史发展进程。篇中各章通过梳理杭职院学校历史发展过程中的重大事件和环节，生动展现出中国特色职业教育在杭职院的坎坷遭逢与逆流而上。学校融入区域发展，以就业率为核心指标，推动学校与社会融合；专业融入产业发展，打开校门，拥抱时代和企业的变革；教师融入学校发展，形成一专多能、紧贴企业实需技能的精英教师队伍；学生融入专业发展，与企业直接面对面，在企业岗位中锻炼拓展自己的一技之长。实践出真知，在时代与社会、挑战与机遇面前，杭职院"融善"文化的教育实践取得了丰富硕果和独创成绩。

第四章　杭职院发展的时代原动力

第一节　从艰难求索到规模之最

老辈的中国人都把洋火、洋布、洋灰这些舶来品冠以"洋"字的定语，简单的名称却记载着沉甸甸的历史。彼时的中国过着工业基础薄弱、产品和技术都要依靠舶来的日子。职业教育虽在张謇和黄炎培等教育先行者们的提倡下创办了学校，然而规模不大，整个中国严重缺乏职业技术方面的人才。进入20世纪50年代，中国向苏联借鉴学习，开始了加快工业化的征程。为了快速填补人才缺口，国家把重心放在培养周期短、人才实用性强的中等职业教育上。从中央到地方，工业、交通、农林、财贸等国民经济主管部门的各行各业创办了一批中等专业技术学校，培养技术干部和管理干部；劳动部门所属的企业建立技工学校，培养面向生产一线的技术工人。

经过几年的建设，一批近代中国所没有的中等地质、矿业、电机电器、铁路交通等学校建立起来。1958年，杭州制氧机厂职工大学创办，这是杭州职业技术学院的雏形，也是杭州最早期的职业院校。当时"一五"计划刚刚火热结束：截至1957年，"一五"计划超额完成了规定的任务，实现了国民经济的快速增长，为我国的工业化奠定了初步基础。"一五"期间，杭州市委市政府通过加强党在过渡时期总路线的宣传教育，推动工业化发展和社会主义改造，新建、续建、改建了一批骨干工业企业：杭州丝绸印染联合厂、杭州通用机器厂（即制氧机厂前身）、都锦生丝织厂、浙江麻纺厂、杭州棉纺织厂、杭州纺织机械厂等。为了培养更多的技能型人才，杭州制氧机厂创办了专门的职工大学，开了杭州市职业教育的先河。此后，很多工厂陆续兴办职工学校，为各行各业教育输送了社会急需的技能人才，支撑了杭州工业化的快速发展。放眼全国，职业教育的发展和普及速度也很惊人，天津国棉一厂更是率先推出了"半工半读"的职业类学校，工人们"半天劳动、半天学习"的模式很快在全国的城市和乡村中推广开来，客观上让广大工人接受了教育，学习了技能，扩大了职业教育的覆盖面。到 1965 年，我国已有中等职业学校 7294 所，在校生 126.65 万人，占当时高中阶段学生总数的 53.2%。

然而，职业教育的发展探索之路是曲折的。就在全国上下如火如荼地进行比学赶超，为建设社会主义兢兢业业工作的时候，"文化大革命"等政治运动的开展，暂时阻断了这一发展势头。职业教育院校被认为是"资产阶级'双轨制'"的标志，大量被停办、撤并或改为普通中学，杭州职业教育的发展也遭此坎坷。

以杭职院的前身之一，杭州市机械工业学校为例，1964 年 7 月到 8 月一个月的时间里，杭州缝纫机厂位于新华路双眼井巷 4 号的几间仓库车间被改造成了校舍，并在此基础上成立了杭州市机械工业学校。这所学校是名副其实的"弄堂学校"，校舍简陋，面积狭小，学习环境较差。学校的教师队伍也都是半路出家，由杭州机械工业局从各大工厂、部门的技术骨干或部门负责人中抽调而来，虽然这些老师傅和专业技术骨干都是在技能上响当当、能够独当一面的人才，但他们对于教学却缺乏经验，仍需不断学习和探索。该学校的专业和班级只有钳工、车工、铣磨、铸造 4 个，学生招收了 200 名。论专业种类和学生规模，肯定完全无法和今天相比，但在当时，学校的建立却是极其关键的一步。类似杭州市机械工业学校的成立和建设发展说明，当时在国家层面和地方政府层面，已经非常重视职业教育。国家当时还处在自力更生图生存、图发展的社会主义初级建设阶段，但政府在政策和物资人才方面，给予了职业教育足够多的支撑。教师方面，整体思想素质好、专业能力强；学生方面，学习积极性高涨、学习心态端正、肯吃苦、肯打拼：全校师生充满了献身社会主义建设的壮志豪情。

然而，好景不长，1966年"文革"开始，杭州市机械工业学校等职业院校纷纷停止招生，职业教育进入了困厄岁月。杭州市机械工业学校的校区也从弄堂搬离，于1967年迁到了松木场附近的弥陀寺。到了1969年，杭州市机械工业学校完成了一次彻底的改革转型，从培养机械工业技术人才的职业学校，转型为普通中学，并更名为"杭州向阳中学"，而学校的专业课教师大部分都被调至各工厂。这对杭州职业教育的发展而言，毫无疑问是一次历史的倒退。1973年，职业教育被再度重视和强调。杭州市机械工业局技工学校在灵隐寺上天竺恢复办学，主要负责轮训机械局各厂职工，但这还算不上真正意义上的职业教育院校。1978年6月，中国社会逐步走出了"文革"和"四人帮"倒行逆施的负面影响，实事求是的精神重新融入社会与生活实践。在此社会背景下，浙江省政府批准同意在杭州市机械局技工学校的基础上在上天竺复建中专学校，定名浙江杭州机械工业学校。7月份政府正式下文确定该校是全日制中等专业学校，隶属于浙江省机械工业厅主管，委托杭州市机械局代管，学校的教学目标是培养机电类中级技术人才。命运多舛的浙江杭州机械工业学校从此走上了发展壮大的康庄大道，1984年8月学校再次改制，经省府〔1984〕206号文批准下放到杭州市，由市机械局主管，教育经费由省财政拨款转市财政部门下达，1986年初迁到卖鱼桥香积寺巷78号（香积寺巷78号自1983年就开始招生办学）。1991年1月，杭州机械工业学校与杭州机械职工大学合并。1996年，合并后的两校并入杭州职业技术学院的前身杭州职工大学。这段经历记述了杭职院前身多源竞流、合而为一的历史，也记载了我国职业教育曲折发展的历史进程。

1975年12月26日，杭州化工系统的职工大学，最初名为杭州化工局"七二一"职工大学正式成立，开始为杭州化工系统培养专业人才。改革开放以后，随着全党和全国的工作重心转移到经济建设上来，全国工业商业各条战线都痛感人才匮乏，职业教育亟须复苏和重新布局发展方向。在改革开放初期，杭州制氧机厂职工大学和其他五所职工大学联合成杭州市机械工业局职工大学，职业教育开始走向专门化、集约化。但另一方面，学校培养出来的不少人才又因不合实际需要而形成大量积压。数据显示，1978年，我国中等职业学校在校生仅占高中阶段学生总数的7.6%，中等教育结构严重失衡。于是，解决中等教育结构失衡的问题摆在了决策者们的面前，在国家出台政策之前，杭州已经进行了职业教育结构的调整初探。1979年前后，杭州市轻工业系统的杭州缝纫机厂、杭州手表厂、杭州圆珠笔厂、杭州人民玻璃和搪瓷厂、杭州华丰造纸厂等五家轻工企业也相继办起了职工大学。1982年，上述归属省轻工业厅管辖的学校进行了一次大合并，成立了杭州市轻工职工大学，为杭州轻工业的高速发展贡献了人才储备。杭州纺织系统也有多所职业学校并入：1982年3月，杭州市纺织工业局职工大学正式筹办，吸收了1979年就已创办的杭州第二棉纺织厂职工大学在读学员，教学放在萧山厂区。这都是职业教育在实践方面的探索，根据社会相关行业产业的用工需求而自发调整布局，及时填补了当时社会经济发展所需的人才缺口。

1985年颁布的《中共中央关于教育体制改革的决定》（中发〔1985〕12号，后简称《决定》），在论述"中等教育结构调整"时，通篇只说了一个主题——职业教育大发展。该《决定》对职业教育体系有明确阐释，提出"逐步建立起一个从初级到高级、行业配套、结构合理又能与普通教育相互沟通的职业技术教育体系"。这一布局影响至今。受此影响，1986年杭州市化工职工培训中心成立后，杭州化工系统职工大学、杭州市化工工业技工学校、杭州市综合中专化工分校、杭州市化工职工中专和杭州广播电视大学化工工作站联合办学，直至 1996 年并入杭州职工大学之前，一直承担着为杭州乃至浙江化工行业培养输送人才的教育重任。

20 世纪 80 年代至 90 年代，职业教育发展的重点仍是中等职业教育。除原有的中专和技校外，一支新力量——职业高中（简称职高）加入进来。当时的职高隶属于教育部门，在大学生还可以享受国家政策、工作包分配的年代，这些职高学生却面临毕业生不包分配、没有上级行业企业庇护的艰难挑战，而这也成为我国职业类学校的常态。直到今天，高职院校都是离企业、离市场最近的教育机构，学生全凭自己所学的本领闯荡社会。20 世纪 90 年代中后期，政企分开、企业减负增效成为时代背景，随着劳动人事制度改革、企业教育职能剥离的推进，加之尚处于中低端生产的企业无力为技术工人提供优厚待遇，职业教育的吸引力出现了一定程度的下滑。与此同时，知识经济大潮席卷而来，高等教育快速发展，从另一头对传统职业教育构成冲击。但我国的职业教育并没有因此而消沉，相反，职业教育积极通过自我改革，力求新生。1996 年《中华人民共和国职业教育法》正式颁布，明确了职业教育的地位、体系构成，以及政府和有关方面在发展职业教育中的责任。

而杭州职业技术学院正是在 1996 年这样的时代背景下开始筹建的。这一年，原杭州市经委系统所属的杭州市机械工业局职工大学、杭州市轻工职工大学、杭州市化工系统职工大学、杭州市丝绸工业公司职工大学、杭州市纺织工业局职工大学、西湖电子集团公司职工大学等六所职工大学合并，更名为杭州职工大学，两年后又在此基础上筹建了杭州职业技术学院。

纵观我国职业教育的发展历史，融汇了诸多艰难求索，又有诸多灵活机变，恪守职业教育初心，这些宝贵的探索都极大地丰富了杭州职业技术学院的校园历史，形成厚重而沉甸甸的校园文化和教育特色，打造出了杭州职业教育的响亮品牌。1999 年 6 月，《中共中央、国务院关于深化教育改革全面推进素质教育的决定》（中发〔1999〕9号）首次明确提出："要大力发展高等职业教育，培养一大批具有必要理论知识和较强的实践能力，生产、建设、管理、服务第一线和农村急需的专门人才。"这无疑给职业教育的快速发展插上了翅膀，也给职业教育从业者吃了一颗定心丸。此后短短十几年，我国高等职业教育的数量从几十所增加到1400余所。

面对我国经济产业转型升级的客观需求，2014年中央再次召开全国职业教育工作会议，习近平总书记做出重要批示："职业教育是国民教育体系和人力资源开发的重要组成部分，是广大青年打开通往成功成才大门的重要途径，肩负着培养多样化人才、传承技术技能、促进就业创业的重要职责，必须高度重视、加快发展。"[①] 此次大会之后，国务院颁布《关于加快发展现代职业教育的决定》（国发〔2014〕19号），提出建立产教深度融合、中职高职衔接、职业教育与普通教育相互沟通的现代职业教育体系。同时，建立高职生均拨款制度，与本科院校学生享受同等待遇。这对我国职业教育发展而言，既是极大的鼓舞，也是全新的挑战。高职教育要想发展，必须敢于深化改革。

截至2022年底，高中阶段，全国有中等职业学校9752所（含技工学校），2022年招生650.69万人，占高中阶段教育招生的40.71%；在校生1784.61万人，占高中阶段教育的39.67%。高等教育阶段，高等职业院校（含职业本科）有1521所，2022年招生546.61万人（不含五年制高职转入专科招生54.29万人），连续四年超过普通本科招生规模。同时，面向未升学初高中毕业生、农民工、失业人员和转岗职工、退役军人等开展各类培训上亿人次。全国职业院校共开设近千个专业、近10万个专业点，基本覆盖国民经济各领域，建成了世界最大规模的职业教育体系，具备了大规模培养高素质

---

① 全国职业教育工作会议在京召开 习近平作指示 李克强讲话 [N]. 新华社，2014-06-23.

劳动者和技术技能人才的能力。

回顾创业之初，我国的职业教育筚路蓝缕奋斗不息，自力更生气象万千，众多职业院校经过历史的选择，顺应中国经济的发展，万舸争流、千江奔腾、汇入大海。杭州职业技术学院是其中的佼佼者，扬帆起航，书写出一段可歌可泣的奋斗史，具备了丰富的文化积淀，拥有了百折不挠的发展气魄，创造了适应社会经济潮流的应变能力，保持了职业教育为国为民贡献全技能人才的教育初心，所以取得了累累硕果，创新创造了教育奇迹。未来，我国职业教育必将在世界最大规模的基础上不断提质增效，以习近平新时代中国特色社会主义思想，特别是习近平总书记关于教育的重要论述为指导，瞄准现代化目标，着力培养高素质劳动者和技术技能人才，走出一条有中国特色的职业教育发展道路。而杭职院也将一直在路上，不忘历史，迈步向前，不断巩固、创造教育成果，成为全国职业教育院校的典范和传奇。

第二节　从中国腾飞到职教飞跃

进入 21 世纪，中国经济迎来腾飞转型，融入了全球化经济的黄金发展期。在构建中国特色现代职业教育体系的历史进程中，如何抓住这一发展机遇，成为职业教育的新任务和新挑战。中国职业教育的发展，必然具有中国特色，必然要符合国情，必须适应国家现实和变化。考察中国职业教育发展的社会经济背景，一些客观国情是绕不开的。中国作为世界上最大的发展中国家，正处在全面建成小康社会的关键时期。面对新的国际国内形势，中国政府坚持以科学发展为主题，以加快转变经济发展方式为主线，坚定不移地推进改革开放和现代化建设，致力于实现经济社会全面协调可持续发展。中国历来高度重视职业教育的发展，始终把大力发展职业教育作为一项重要的经济、社会和教育政策，将其摆在经济社会和教育发展的突出战略位置。2000年以来，伴随着中国经济融入全球化，经济加速转型发展，科技创新不断革新，制造业蓬勃发展，社会各行各业对职业技术领域求贤若渴，中国政府先后颁布了国家科技、人才、教育改革发展规划纲要，明确了2020年中国教育发展蓝图。中国职业教育站在新的历史起点上，进入以强化内涵、提高质量为重点，加快建设现代职业教育体系的新时期。

经过改革开放三十多年的高速增长之后，中国经济的可持续发展面临着严峻挑战，中国经济巨轮必须转型升级，职业教育也面临全新的变化与挑战，要适应中国经济体制和发展战略的转型。面对日益加大的资源环境的约束和压力，中国掀起能源革命变革，开始往资源节约型、环境友好型社会转向。以往以牺牲环境谋发展的涸泽而渔的做法必须停止，牺牲环境的民族是没有未来的。中国正在加快转变经济发展方式，促进经济增长由主要依靠投资、出口拉动向依靠消费、投资、出口协调拉动转变，由主要依靠第二产业带动向依靠第一、第二、第三产业协同带动转变，由主要依靠增加物质资源消耗向主要依靠科技进步、劳动者素质提高、管理创新转变。在经济转型的过程中，职业教育迎来了全新的生机和发展机遇。依靠内需的政策，给国内很多小工业和小产业提供了广阔的发挥空间，很多新型消费产品、文化类消费产品也兴盛起来。例如杭职院抓住时代机遇，设置了动漫专业，与中国国际动漫节节展办公室等共建杭州动漫游戏学院，积极探索"把动漫企业搬到学校，把二级学院建到企业"的校企融合合作模式。动漫专业的设立，正是"春江水暖鸭先知"的典范，杭职院人敏锐捕捉到新型软文化消费的崛起和升级，为社会培养急缺的动漫产业人才，也为学生拓宽了就业空间和事业发展道路。事实证明，转变经济发展方式，关键在于人才的培养。要想实现经济产业转型、消费内需提振、第三产业协同，必须拥有能够适应岗位需要和生产力需要的人才，而这正是职业教育的风口。人才亟须涌现；职业教育将大有用武之地，担负着加快培养数以亿计的高素质劳动者和技能型人才的重要使命。

为了迎接时代机遇和挑战，抓住职业教育大发展的重要时期，杭职院在校企合作上不断探索，总结出了一系列校企共同体孵育体系。校企融合带动人才快速成型，为社会产业经济注入强劲动能。2008 年 4 月 11 日，在全球拥有 58 家企业的全球三大数控机床生产厂之一友嘉实业集团与杭职院牵手，第一个校企共同体友嘉机电学院破茧而出！很快，以"大企业主体、全岗位合作、全过程管理、企业化培养"为特征的"友嘉模式"成为杭职院发展的一大特色。该模式培养出了大量优秀的数控机床的专业人才，为国内制造业和数控产业升级换代起到了厥功至伟的作用。友嘉机电学院的试水成功，引发了新型校企合作的持续跟进。杭职院与新通国际教育集团共建了新通国际学院，探索"语言＋技能"的国际化高职人才培养特色发展之路。事实已经充分说明，在全球化的经济浪潮下，各行各业特别是进出口产业非常需要以英语为主的各个外国语种人才，只有通过不断学习与借鉴，才能实现后发式超越。杭职院与全球知名的丝绸纺织及服装企业达利（中国）牵手，成立达利女装学院，倡导"整体化教学、生产性实训"，走上了特色发展的又一条新路。中国是世界人口大国，衣食住行的消费潜力惊人。服装市场空间广阔，对服装制版、设计和创意类的人才需求极大。杭职院主动建设女装学院，更是把服装技能培养定位到了女装主题，不求大求全，不试图占领服装产业全流程的人才面覆盖，而是沉淀下来，专精女装设计，引导学生在女装行业达到技能专精，从而促成了学院与女装行业的深度融合发展，打出一片天地。

政府为了推动经济结构战略性调整，颁布了《产业结构调整指导目录（2011 年本）》，以及《工业转型升级规划（2011—2015 年）》《全国现代农业发展规划（2011—2015 年）》等产业发展规划，并编制了《服务业发展"十二五"规划》。这一系列规划的核心，是加快推进相关产业优化升级，建设现代产业体系，大力发展现代农业、先进制造业、现代服务业、战略性新兴产业，推动实体经济发展。这对技能型人才的数量、质量、规格和结构提出了新的要求，职业教育面临着紧迫的发展任务。经济结构的战略性调整充分反映了中国特色社会主义经济的发展和需求，历经四十多年的改革开放，中国已经走上了农村电气化、农业集约化的康庄大道，发展现代农业是势之所趋。中国制造业也完成了原始积累，中国人勤劳、刻苦、积极、学习能力强的人才属性，完美契合制造业的升级换代，从原始依靠人口红利、低成本用人的不可持续型制造产业转型为依靠高水平、高技能、高精技术人才的现代先进制造业。时代已经给出回答，中国的职业教育必须适应经济结构的转型，并为此培养输送大量高精专业人才。从量的积累，到质的转变，是职业教育培养人才结构的最新态势。例如，杭职院曾与金都房产集团合作共建金都管理学院，探索"大企业为主、多元参与、多方共赢"的特色发展之路，从以满足生存需求的刚需住房，转向改善居住条件型住房建设。相关规划、设计人才纷纷为房地产业所渴求，传统销售型人才已经不足以应对房地产新格局，他们必须在规划、设计、理念方面不断接受职业再教育，提高自己的技能上限，方能在地产横流中搏杀出一隅之地，立足于社会。杭职院与吉利控股集团合作共建了吉利汽车学院，探索走"专门化人才培养"的特色发展之路。在新能源汽车方兴未艾、即将成为未来车型主流的时代背景下，相关电池蓄能、汽车设计研发人才变得短缺，而职业教育正好可以针对性地弥补这一市场空缺，为新能源汽车产业注入人才动能。杭职院还联合钱塘新区管理委员会、园区主流企业合作共建生态健康学院，探索出一条基于校企共同体理念外延拓展的"园—企—校"三方联动新路子，学校充分发挥紧靠多所高等院校、身处工业园区的区位优势，融合多方资源优势，形成互补多赢的教育发展局面，为培养综合型人才创造平台、营造环境。杭职院与杭州东忠集团共建东忠软件学院，培养软件开发方面的工程型人才，构建了"三级学院"管理架构，积极迎接人工智能革命带来的第三次工业革命浪潮，培养孵育数智型技能人才，开辟具有中国特色、独立自主的人工智能研发之路。

中国的职业教育历经了三个发展阶段，分别是：大力发展职业教育的阶段、加快发展现代职业教育的阶段以及完善职业教育和培训体系的新阶段。现在正处在第三个阶段，这三个阶段代表性的事件分别是：1990 年在党的十三届七中全会上，国家提出了大力发展职业教育的战略；2014 年全国职业教育工作会议后，国务院印发了《关于加快发展现代职业教育的决定》等文件，这标志着我国职业教育发展快步进入第二个阶段；2017 年党的十九大报告明确了职业教育发展新阶段，2019 年国务院印发《国家职业教育改革实施方案》（国发〔2019〕4 号，简称《职教 20 条》），2021 年 5 月十三届全国人大常委会第三十四次会议表决通过了新修订的《中华人民共和国职业教育法》并决定于 2022 年 5 月 1 日起开始施行。2022 年党的二十大报告中明确指出"统筹职业教育、高等教育、继续教育协同创新，推进职普融通、产教融合、科教融汇，优化职业教育类型定位"，指明了职业教育的发展新方位。以上三个阶段发展扎实、总结深刻、硕果累累，在世界职业教育格局中实现了从全面"跟跑"、逐步"并行"到局部"领跑"的新跨越。事实证明，经过长期的实践探索，中国形成了独具特色的现代职业教育发展范式。而实践表明，紧跟经济社会发展需求、服务产业升级，是推动职业教育高质量发展的原动力；坚持扎根中国大地、立足中国国情，是提升职业教育适应性，提高社会认可度、满意度的基本前提。杭职院的教育改革与事业发展，始终立足于中国国情，服务于中国社会，彰显着中国特色。

第三节 从国家战略到职教机遇

中国经济已经取得显著耀眼的成绩，已成为世界制造业大国，大多数主要工业品产量位居世界前列。但数据耀眼的背后却难掩一个事实，即我国制造业仍处在全球产业链的中低端，自主创新能力不强，产品附加值不高，缺乏具有核心技术竞争力的自主品牌和知名产品。为此，国家提出了建设创新型国家的重大战略。这迫切要求职业教育培养大量具有创新意识、创新能力的高端技能型人才，形成覆盖从研发到制造产业链的协同创新人才队伍，提升将先进理念和设计转化为高质量产品的能力，为"中国创造"奠定坚实的人才基础。

党的十八大承前启后，制定了坚持走中国特色社会主义政治发展道路和推进政治体制改革前进方向，回答了坚定不移走中国特色社会主义道路政策立场，提出了大力推进生态文明建设，扭转生态环境恶化趋势，以及实施创新驱动发展战略，把科技创新摆在国家发展全局的核心位置，要坚持走中国特色自主创新道路等一系列国家战略。这次大会的召开标志着中国特色社会主义进入新时代。这也预示着我国高职教育迈入了教育变革新阶段，进入了教育结构优化、质量提升、内涵发展的关键时期。党的十八届三中全会以及于2014年2月26日召开的国务院常务会议，对加大调整教育结构和发展职业教育力度做出了部署，对高职院校在把握市场需求、优化专业结构、深化校企合作、推进产教融通、推动中职高职衔接、实现职普相互沟通、完善内部治理结构等方面提出了新的更高要求。

杭职院面临的形势既充满了严峻的挑战，也迎来了蜕变的机遇。国内一批办学理念先进、办学特色鲜明、办学成绩突出的示范（骨干）高职院校，在不断深化内部改革进程中异军突起，形成了教育市场上的竞争效应和挤出效应。国家为推动高职教育持续发展，将在 200 所示范（骨干）高职院校中遴选和建设一批具有国际化水准的高职院校，以达到高职教育的示范效应和领头羊效应。能否搭上这趟"顺风车"，对高职院校的发展而言意义深远。杭职院面对的现实是，全国有 600 多所地方本科高校将向应用技术型本科高校转型，高职院校之间、应用技术型本科高校和高职院校之间的竞争将日趋激烈。形势逼人，不进则退，唯有奋发图强、自强不息，寻找教育变革更新的出路。杭职院有着顶尖专家的指导，顶层设计先进，校企深度合作，育人成效明显，社会影响突出。面临新一轮国家推动高职发展的政策机遇、产业转型亟须技术技能型人才的市场机遇、国内同行对杭职院创新实践高度认同的合作机遇、骨干院校建设成功后需要新动力牵引拉动的机遇等，杭职院躬身自省，细致分析当前存在的各项管理和机制问题，在专业内涵建设、师资队伍建设、社会服务能力、内部管理效能、文化育人能力等方面开展系统性调查研究，分析自身不足，对比优秀院校典范，梳理总结出一系列亟须解决的困难和挑战。学校上下把握高职规律、抢抓发展机遇、积极应对挑战、努力再创辉煌的精神状态，经过动员后得到了进一步提振，加快建设国内一流高职院校的集结号已经吹响。2014 年 4 月 17 日，杭职院第一次党代会顺利召开，党代会报告谋划了建设国内一流高职院校的"12345"发展战略，深化教改的工作开始落到实处。2019 年 3 月 27 日，杭职院第二次党代会胜利召开，党代会报告提出了下一阶段建设国内一流、国际上有较大影响力的"高职名校"奋斗目标，"三步走"发展步骤和"一条主线、两大指向、三化并进、四力提升、五张名片"的实施战略，吹响了"高职名校"建设的嘹亮号角。

高职院校的教育目标是杭职院首要审视的问题，学校明确提出了"一个目标"，即建设国内一流、具有一定国际影响力的高职院校。学校力争跻身国内示范（骨干）高职院校的行列，践行国家推动高职教育持续发展的战略路线。有了目标，就要有实现目标的主线和主干，并牢牢把握，着重推进。杭职院紧扣"两条主线"，即科学把握"以深化校企合作为主抓手"的工作先导主线和"以提高人才培养质量为核心"的内涵发展主线。在国内高职教育结构优化、质量提升和内涵发展的关键时期，这两条主线紧扣发展主旋律，推动"学生体面就业、教师幸福生活"两大指向全面落实。学校突出"三个着力点"，实施"四大战略"，推进"五项建设"，从制度化、特色化、集约化、文化引领等方方面面，详细设计了深化教改的方案。杭职院独特的"融善"文化激发着师生强烈的变革进取心，因此学校高度重视文化引领作用，让"融善"文化深入人心，把广大教职工和全体学生的思想凝聚起来。广大教职工围绕全校奔"一流"的目标，工作积极性被充分调动，不再把工作当成按部就班"赚工分"的事情，而是当成教育事业，把更多的时间和精力投入创建全国一流高职院校的具体工作。他们不但重构课堂，完善课程，更是亲身走入企业岗位，在岗位中学习掌握最新专业知识和技能，变成终身学习型教育者。学生也斗志昂扬，自信心和自尊心得到了充分的鼓舞，虚掷青春和沉迷游戏的情况大大减少，非教学时间自愿留在教室和实习实训场所的场景多了起来。他们把大量的时间和精力投入专业学习，投身于各种社团、工作室和工业园区，积极参加技能实践，利用校企共同体搭建的平台，提前走入企业，适应岗位需求，提早熟悉"社会人"的职场规则。此外，学校还积极贯彻落实国家经济发展战略和高职院校的发展规划，让学生走出象牙塔的局限和束缚，站在高格局理解社会经济的发展，去选择自己未来从事的事业，真正成长为社会栋梁，为国家大发展战略和经济全面转型贡献才华。2015 年，杭职院以优秀等级通过教育部、财政部验收，成为"国家骨干高职院校"。

党的十八大以来，我国职业教育在统筹推进"五位一体"总体布局和协调推进"四个全面"战略布局中快速发展、不断壮大，实现了历史性的新跨越，建成了世界上规模最大的职业教育体系，形成了中国特色现代职业教育体系的基本框架，扩大了职业教育国际影响力，总体水平进入了世界中上行列，站在了新的历史起点上。习近平总书记多次对职业教育做出重要指示批示，为加快发展现代职业教育指明了方向。从整体层面而言，近年来国家的职业教育改革发展取得了全面进展，以《中华人民共和国职业教育法》为引领，涵盖学校设置、专业教学、教师队伍、学生实习、经费投入、信息化建设等系列制度和标准，部门协同、上下联动的顶层设计基本完成。学校以习近平新时代中国特色社会主义思想，特别是习近平总书记关于教育的重要论述为指导，瞄准现代化目标，着力培养高素质劳动者和技术技能人才。以国家顶层设计为指导方向，深化教育改革，全面变革教学体系，继续深挖校企共同体的发展潜力，打响杭职院在全国高职院校中的品牌效应。学校积极推动专业设置与产业需求对接，课程内容与职业标准对接，教学过程与生产过程对接，服务产业振兴、区域发展和民生改善，取得了显著的教学成果。

2018 年，习近平总书记亲自主持中央全面深化改革委员会第五次会议并审议通过《国家职业教育改革实施方案》。这份方案开门见山地指出："职业教育与普通教育是两种不同教育类型，具有同等重要地位。"这句论述看似普通，实则极大地提升了职业教育的教育地位，代表职业教育发展进入了新境界。方案中的一系列制度设计给职业教育注入了底气和信心。纵向来看，职业教育体系里有中职、高职、本科直至专业硕士和博士；横向对比，则有产教融合、学历证书与职业技能等级证书的融通。职业教育不再低人一等，而是与普通教育并列存在于教育体系中，促使国人更加全面地认识到职业教育的教育权威性和教育实用性。

2019 年 1 月 24 日，国务院正式印发了《国家职业教育改革实施方案》（国发〔2019〕4 号），方案提出了对我国职业教育发展的总体要求与目标：坚持以习近平新时代中国特色社会主义思想为指导，把职业教育摆在教育改革创新和经济社会发展中更加突出的位置。牢固树立新发展理念，服务建设现代化经济体系和实现更高质量更充分就业需要，对接科技发展趋势和市场需求，完善职业教育和培训体系，优化学校、专业布局，深化办学体制改革和育人机制改革，以促进就业和适应产业发展需求为导向，鼓励和支持社会各界特别是企业积极支持职业教育，着力培养高素质劳动者和技术技能人才。我国高职院校迎来了历史最佳发展机遇，杭州职业技术学院敏锐地抓住了这一发展黄金期，领会方案精神并坚决贯彻执行。2023 年 1 月，杭职院在国家"双高计划"中期绩效评价中获"优秀"等级。该成绩充分证明了杭职院成功适应了国家经济转型战略，积极配合了高职院校发展的国家战略，初步完成了教育深化改革的万里长征第一步。接下来，杭职院将继续推出改革、服务、开放三大举措，进一步激活行业企业参与职业教育的内生动力，立足于产业园区、杭州跃迁、浙江发展、国家布局，以就业为导向，为国家重大战略提供充足的人才支撑，服务于实体经济，服务于脱贫攻坚，服务于就业创业。

在这一历史进程中，学校将继续打造杭职院的高职院校示范品牌，使之具备在全国乃至国际上的影响力，以及对学生和企业的感召力和吸引力。学校将致力于培养区域经济社会发展需要的高素质技术技能人才、能工巧匠、大国工匠，传承、积淀"融善"文化，将教育深化改革与国家战略紧密结合，为大国战略贡献职教力量。

第五章 杭职院"融善"教育实践

第一节 学校融入区域发展

杭州职业技术学院秉承"融惟职道，善举业德"校训精神，充分挖掘"融善"校园文化的内在驱动力，强化类型教育特征，真正做到学校融入区域发展。学校以产教融合为主线，把教师所教、学生所学与社会市场需求紧密相连。从社会发展的历史高度和市场深度，聚焦学校发展主航道，融聚合作企业谋求同生共长，融合相关产业谋求同向同行，融入区域谋求相辅相成，融通世界谋求长足发展，至善以融，共创共赢，打造出了令人满意的职业教育"杭州方案"。

学校与社会共融会通的教育实践路线，当初着实经历了一番激烈讨论。在 2007 年的时候，围绕着杭职院的发展方向，杭职人仍有迷茫与争论——有争论之声是好事，意味着杭职人对学校发展的关切，是"止于至善"校园文化蕴藏的进取动力使然。学校该怎么发展，专业该如何设置，学生将如何就业，一度困扰在杭职人的心头。然而，在与时代的共鸣、与杭州城市的共舞中，杭职院终于找到了历史和时代赋予的使命与答案，明确了教育实践路线图，即"学校融入区域发展""专业融入产业发展""教师融入学校发展""学生融入专业发展"。简而言之一句话"杭职院姓杭"，这一结论振聋发聩，启人深思。学校明确了立足杭州经济技术开发区、服务杭州市大发展的教育发展战略。办学重点要围绕杭州优势产业，要抓住主流产业中的主导企业。学校融入区域发展的教育实践，与杭州市政府的密切关注、大力支持是分不开的。早在 2007 年 6 月，杭州市政府就建立了市领导专门联系市属高校制度，明确市长作为杭职院联系人，负责协调解决学校建设发展中的重大问题，给学校发展注入强劲动力。历任杭州市市长曾多次前往杭职院实地调研并适时解决相关问题，为杭职院的发展增添了无穷力量。一组数据可以说明政府对学校的支持力度，从 2007 到 2012 年的 5 年时间里，杭州市政府先后投入 7 亿多元专项资金，全面加速杭职院建设与发展。

同时，学校的资源向社会企业打开，走出去亮相，招进来合伙，真正做到融入社会和时代，以求至善，从而为学校发展奠定了动力。明确上述发展战略后，学校的发展出现了以下变化：一是，发展有方向，目标更精准，奋斗有干劲；二是，杭职院主动面向地方市场，切准杭州市发展的脉搏，根据区域经济结构和产业结构的调整、区域市场的高职人才需求来办学，从而发展得如鱼得水；三是，与社会需求和时代节奏相得益彰。"好风凭借力，送我上青云"，杭州地方经济的迅猛腾飞，促进了杭职院教育的加速升级迭代。例如，仅在 2012—2013 学年，学院就接受企业总值 456 万元的捐赠设备，合作企业接受就业毕业生 424 人；学校为企业提供的技术服务年收入 170 万元，为企业培训员工 21 753 人次。和 5 年前相比，简直是天壤之别。

变则通，通则久，久则兴。坚持姓"杭"，还给杭职院带来了革新校园文化建设与环境建设的机遇窗口。环境方面，学校以"江南杭州"为基调，将校园打造成江南小镇百景图，让校园焕然一新。山水园林，楼台亭阁，善湖融池，鱼游鸟飞，相映成趣，师生在享受环境美感的同时，也深刻感受到了杭职院的校园文化之美，自豪感和进取心油然而生，极大地提升了师生的幸福感，增强了对考生和家长的吸引力。许多国家示范性高职院校的领导和老师也对杭职院的发展思路与成果连连赞叹、羡慕不已。坚持姓"杭",以"融善"校园文化为思想基础的杭职院,面对社会敞开了开放广博的胸怀。学校要融入区域发展,意味着必须适应杭州城市的特色发展。为此,杭职院推出订单式培养方案,先让学校与杭州区域内的社会企业连钩上对,校企双方签订协议,共同对学生展开培养。学校的友嘉机电学院与杭州地铁、东方电气、燃气集团等八家大型企业设立合作培养订单班,软件技术专业和东忠集团共建东忠软件学院,汽车检测与维修技术专业与吉利控股集团合作设立吉利定向班。

学校融入社会发展的教育实践方向深受广大师生的赞誉和支持:老师觉得教的内容有意义,有价值;学生觉得学的内容有奔头,有方向,所学有用。最直接的成果就是杭职院的学生在毕业时,面对杭州企业的求才招聘,可选择的余地大大增加,实现了体面就业。有了就业,才有安家立业的资本,年轻人才能为社会担负起责任,最终成长为社会栋梁。如今,杭职院就业指导的重点已不再是怎样让毕业生有份工作,而是帮助毕业生科学规划自己的职业生涯,使之找到更符合自己兴趣和发展需求的体面的工作,实现了"企业愿意、学生满意、学校乐意"的多方共赢局面。

为了更好地融入区域发展,学校先把"手术刀"对准自己,大刀阔斧,从改变自身做起,重组系院和专业,以灵活地与企业合作。例如,学校果断停止消防专业等社会需求量小的专业招生,新设或扩招社会需求量大的电子商务、数控技术、汽车检测与维修技术、计算机多媒体技术、针织技术与针织服装等专业。构建起以制造、电子信息类专业为主体,以环保、纺织服务类专业为特色的专业设置;财经、旅游等现代服务类专业也加快了建设脚步,进入高速发展轨道;化工技术、农林技术等其他类专业适度发展。学校紧贴杭州市打造先进制造业基地,大力发展现代服务业和高新技术产业,适度发展重化工业需求的专业,建构崭新的校企共同体体制机制。学校在与社会融合的时候，把社会区域"方块化"，把专业"模块化"，实现学生就业"定制化"，因需而学，学有所用，满足社会发展的需要。重整专业院系，紧紧围绕杭州区域纵深发展的前进方向，对不符合区域发展需求的专业和院系，宁可主动淘汰掉，也绝不坐等落伍于时代，这才是对教职工与学生的高度负责；对于欣欣向荣的区域经济，学校加快跟进脚步，推动融合，把区域大平台与校园小舞台融会贯通在一起，使得杭职院校园里跳动着时代的脉搏；对于具有发展前景、处于试水探索阶段的区域经济链相关专业，学校也勇挑重担，锤炼相关人才并将其推入社会，实现人才引领区域经济发展、区域经济腾飞反哺人才成长的良性循环，为社会区域经济的肌体贡献活泼健康能量以及超一流的实践人才。

事实证明，学校融入区域发展，是卓越的学校发展策略，是正确的学校发展方向，它的背后，与学校一贯坚持的"融善"文化密不可分。因为"融善"从来不是故步自封，不是在自家一亩三分地里唱高歌，而是着眼于整个社会。因为"融善"，所以包容、开放，所以务实、求真，以利己之心利人，明白利他才是利我这一原则。这都是"融善"文化熏陶下的思维果实，是"融善"的知行合一带来的文化认知。

杭职院实训基地的建设，是一个充分有力的例证，展示出学校融入区域发展的决心，以及校企合作脚踏实地的工作作风。最初建立实训基地的时候，学校一度面对经费严重不足的困难，时任校长叶鉴铭从土地置换中得到启发：学院完全可以使用新校区 1000 亩的土地资源。当时杭州市正好缺少一个企业技能培训的公共实训基地，杭职院果断抓住这个机会。2007 年 6 月 18 日，杭州市人民政府批准立项建设杭州市公共实训基地。杭州市政府投资 3 个亿（基建 1.3 亿元、实训设备 1.7 亿元），杭职院拿出土地 30 亩，一个建筑面积近 4 万平方米、可同时容纳 2 655 人实训的高标准实训中心于 2009 年底巍然屹立。实训基地东侧是对外的大马路，挂着杭州市公共实训基地的牌子;西侧是杭职院校园的教学区域,标着杭州职业技术学院实训中心的名字。这象征着杭职院与杭州城的自然融合。多年来,学校坚持扎根地方办大学,以服务区域经济发展为己任,紧跟国家新政策、发展新形势、产业新需求、企业新要求,在实训基地建设中注重引进先进的教育理念和技术设备,致力于打造一流的实训环境,培养高素质技术技能人才、能工巧匠。学校成为国家级职业教育"双师型"教师培训基地、浙江省"十三五"高职教育示范性实训基地、国家级职业教育示范性虚拟仿真实训基地、"国家新闻动漫传播示范平台"高校动漫研创基地等高水平示范平台。

此外,二级学院的教育教学也体现出学校与区域的高程度融入。杭职院所处的下沙高教园是一个"没有围墙的大学城":高校间相互开放、教师互聘、学分互认、课程互通,合力打造出一个校际互聘平台。如此一来,杭职院既吸收了兄弟院校的优点和优势,又把自己的二级学院融入区域的大行动。杭职院对融入区域、开展深度合作有四个基础性理念,即"他赢为先"的合作先导观念、"企业主体学校主导"的合作互补观念、"整合优势资源"的合作条件观念和"以融至善"的合作育人观念。校企合作有六大运行机制:管理共同体领导机制;师资共同体互补机制;专业共同体建设机制;产学研共同体创新机制;资源共同体互助机制;文化共同体交融机制。这些机制经过时间的考验,已经成为杭职院的宝贵财富。例如学校第一个校企共同体友嘉机电学院,实施了"资源共享、人才共育、校企共管"三位一体的校企紧密型管理模式,在国内独树一帜。融入区域政策,不但使二级学院焕发了生机和活力,也使学校资产得到了有效盘活,大大提高了国有资产的使用效率,实现了学校服务地方的社会功能。

杭职院的创新创业教育也是在"融善"文化的基础上发展而来的,"创业能力是高职学生的核心竞争力"这一观点早已为广大师生所接受。杭职院在创业园区的建设上不遗余力,园区占地 15 亩,孵化面积达 9 000 余平方米。

服务面向的不仅仅限于本校学生，而是所有在杭高校大学生，充分实现学校彼此的交融。高职学生创业园是全国最早支持学生在校内注册真实公司自主创业的国家级示范园区，是全国高职国家级大学生科技创业见习基地，是在杭高校唯一以学校命名的市级大学生创业园。园区自创立以来，创新创业教育成果硕果累累，为学校创新型人才培养提供了支撑，为学校融入区域发展提供了全新平台和抓手，涌现出许多创业典型案例和明星企业。园区荣誉等身，已然成为杭州市高职教育的重要示范窗口和先行探索者。

第二节　专业融入产业发展

　　高职教育的办学方针始终以就业为导向，高职院校专业结构能否与地方的产业发展相适应，关系到高职教育自身的生存和发展，也决定了高职教育能否对社会经济发展起到促进作用。面对时代的需求挑战，高职教育应主动作为，不断优化专业结构，积极适应产业升级与产业发展战略。唯其如此，高职院校才能培养出适应社会产业需求的人才，满足社会经济发展的需求。

　　社会产业是显示时代经济发展客观规律的纵向坐标，具有多变性、周期性、竞争性。20年前学习胶卷摄影或者小灵通、诺基亚手机维修技能还可以有一技之长，但如今这些领域早已成明日黄花，所属产业也早已经发生了惊天巨变。高等院校的专业结构则是高等教育培养专门人才的横向结构，具有适应性、创新性、融合性特点，对人才培养起到了塑造、引导、定制的作用。学校专业结构的调整和变化毫无疑问会受到社会产业发展的影响，就如同20年前电子商务方兴未艾，如今电子商务已成主流模式，计算机技术也日新月异，从C++语言走向Python，已然来到人工智能的蓝海领域。这就是时代的巨变，于无声处听鼙鼓惊雷，于无形处见天地沧桑。落伍于时代、落后于社会发展的产业都会被更具创新的、更具效率的产业所淘汰和替代。反过来，高校专业的设计对产业发展也有着举足轻重的作用和影响。因为高校是培养人才的摇篮，具备了基础的技能和素质的人才进入社会后，也可能会掀起产业变局。一个学习动画设计的年轻人，说不定会推出一款直接影响动画行业变革的作品。从这个角度和意义上来说，高校专业结构的设置应在变化中有所不变，也应在适应中有扎实根基，既要适应社会产业的变化革新，也要保持基础盘。

一方面，杭职院始终保持对专业结构调整的紧迫感；另一方面不断加深对产业结构发展趋势的研究，使学科专业的结构调整适应市场经济和产业格局的需求。为了找准专业融入产业发展的切入点，杭职院所做的第一步是走出去。杭职院所在的杭州，是全国重要的经济文化中心，在长三角区域的经济地位和串联效应十分显著。杭州市自身具备优良的产业基础、雄厚的科技人才实力和不断创新的体制环境，更为难得的是，杭州市政府居安思危，对传统产业面对的新经济态势冲击有着极其清醒的认识。早在 2008 年，杭州市委十届四次全会就提出，要建立一个既与世界接轨又有杭州特色，制造与创造相互促进，制造业与服务业相互配套，工业化与信息化相互融合，科技、文化、人才互为支撑，以创新性、知识性、开放性、融合性、集聚性、可持续为主要特征的"3+1"现代产业体系。"3"就是现代农业、现代工业、现代服务业，"1"就是文化创意产业。杭州积极发展和变革的产业大方向，就是杭职院专业设置的大方向，这是专业融入产业发展的最佳切入点，甚至说是唯一的、必须把握的切入点。通过走出去，打开校门，了解世界，杭职院确定了专业结构设置的基本盘。第二步就是"抄作业"。杭州市的经济产业战略调整早已是白纸黑字。杭州现代农业的重点是发展茶叶、花卉苗木、水产、畜禽、蔬菜、竹业等优势产业，积极培育水果、干果、蚕桑、药材、蜂业等特色产业。杭州现代工业的发展重点是纺织丝绸、轻工食品、包装印刷等传统优势工业，以及新一代信息技术、高端装备制造、生物、节能环保、新能源、新材料、新能源汽车等战略性新兴产业。杭州现代服务业的发展重点是大旅游产业、文化创意产业、金融业、商贸物流业、信息服务与软件业、中介服务业、房地产业、社区服务业等。杭州发展文化创意产业重点是信息服务业、动漫游戏业、设计服务业、现代传媒业、艺术品业、教育培训业、文化休闲旅游业、文化会展业等8大门类。

杭职院不断深入学习领会杭州社会经济统筹发展战略，在现代服务业和战略性新兴产业中培育产业基础强、发展潜力大的文化创意、旅游休闲、金融服务、电子商务、信息软件、先进装备制造、物联网、生物医药、节能环保、新能源等10大产业，进行校内专业新布局。杭职院紧密结合杭州市产业结构转型升级需要，建立健全了由二级学院（校企共同体）提出、校企共同体理事会审议、学校发展委员会审定等程序构成的专业结构调整机制，及时调整和优化专业结构，跟上产业雄迈的前进脚步。学校作风务实，对专业结构调整机制进行精密调研、科学规范，不盲目跟风，不强行上马，不见风使舵。根据学校"立足开发区、服务杭州市"的办学定位，按照"特色+需求"和"先做强再做大"的原则，结合学校实际，逐步撤销了定位不清或与产业接轨不紧密的计算机控制技术、计算机网络技术、电子信息工程技术、金融保险、文秘等10个专业。

2008年杭职院进行过一场"敲墙运动"，即通过与友嘉集团、达利国际、浙江省特种设备检验研究院等主导产业、主流企业合作，先后建立了友嘉机电学院、达利女装学院、特种设备学院等9个"校企命运共同体"。产教融合、校企合作已在杭职院形成文化气候。例如，特种设备学院的电梯专业在从无到有的8年时间里，已上过2次中央电视台的《新闻联播》、4次浙江卫视的《新闻联播》，2次获得时任省委书记的批示。人力资源和社会保障部（简称人社部）制定的《国家职业技能标准电梯安装维修工》（2018年版），杭职院是起草单位之一（排第一）；国家级职业教育电梯工程技术专业教学资源库是由杭职院主持建设的；2016 年全国第二届电梯维修工职业技能竞赛总决赛杭职院是承办单位之一；2015 年与浙江省特种设备检验研究院共建特种设备学院后，杭职院也开始承担浙江省电梯上岗证培训考核。电梯工程技术专业每年接受 5 000 人次的培训，产生了 1 200 万元的培训收入。现在的国内电梯行业，已经形成了"电梯人才培养看杭职院"的行业共识。而这一切的背后，是地产产业大发展的经济现实需求。如今高楼林立，高层、小高层住房已成业内主流，电梯产业需求持续走高兴旺，但电梯专业的人才却存在大量缺口。杭职院精准把握了地产产业发展的节点，及时推出电梯工程技术专业，一举填补了产业人才空缺，反过来促进了电梯产业的技术进步，顺应了地产产业的兴旺发展。

专业融入产业发展的另一个绝佳案例是达利女装学院服装设计与工艺专业。其实杭职院历来就有服装设计与工艺专业，但这个传统专业过去却办得不好。后来学校经过市场调研分析，梳理服装产业发展深层逻辑，得出结论——服装专业方向没错，衣食住行是人们最基本的生活需求，只是专业培养定位不够明确，太笼统粗略。经过缜密的产业调研，杭职院决定将服装设计专业瞄准女装方向。杭州是世界女装之都，世界女装每三件中就有一件产自中国，中国女装每三件中就有一件产自杭州，全世界的女装九分之一是杭州产的。这番调查充分论证了只做女装、做好女装的市场前景向好，容量巨大。细化到女装设计，其岗位分工还有很多种：服装设计师、服装制作工、服装制版师等。杭职院对女装专业进一步细致分析，认为服装设计师和流水线上的服装制作工都不是由杭职院来培养的，杭职院应该培养的是服装制版师。制版师做的工作是把设计师设计的服装变成一件能够穿在模特身上的服装，是有技术含量的。制版师是每个服装制造企业都大量需要的人才。这也揭示出杭职院产教融合成功的一个关键原因，就是专业定位准。

产教融合的另一个关键点是合作企业的选择。杭职院选择合作企业时有一条原则，必须是主导产业的主流企业。选择头部产业和头部企业，好处在于技能人才可以向下兼容。因为主流企业往往能够引领产业发展，而主流企业所需要的人才在整个产业中也是稀缺和急需的，正所谓"一技通而吃百家"。基于此，杭职院在选择女装制版师专业后，牵手全球最大的丝绸女装企业达利集团，以达利集团的女装产品制作作为真实教学任务，以项目化课程体系来重构教学。杭职院的服装设计与制作专业从此走上了品牌专业的发展之路。近年来，专业建设成果不断涌现，如：获得国家级教学成果一等奖 2 次；学生大赛获奖频频，仅 2015 年至 2022 年的全国职业院校学生服装制版与工艺技能大赛就实现"七连冠"；牵头承担国家级专业教学资源库的建设。

杭职院坚持"立足钱塘区、服务杭州市、助力长三角"办学定位，不断深化产教融合，推动高质量发展新生态。学校与友嘉实业集团共建的"友嘉智能制造中心"荣获浙江省产教融合示范基地，办学经验辐射全国；学校与杭州医药港合作共建"杭州医药港学院杭职产教融合基地"，成立了"环杭州湾医药产业人才培养联盟"，服务杭州生物制药产业发展；学校与安恒信息技术股份有限公司合作共建了"杭州数智工程师学院"，探索和引领教育技术产业融合发展模式，培养优秀的数字转型与安全领域紧缺人才，打造职业教育产教融合新典范；学校与阿里巴巴（中国）教育科技有限公司共建数字商贸产业学院，以数字化改革赋能产教融合发展，助力信息技术、数字现代服务业发展。学校挂牌成立智能制造技术中心、服装数字技术研究院、鲲鹏生态创新中心、钱塘区化工安全技能培训基地教学点，推动企业技术转型升级和技能人才能力提升。

尽管产教融合取得了不俗的成果，然而创新探索领域仍充满着挑战。高职院校与企业是异质的两类社会组织，其各自的本质属性、履行的社会职能、机制设计与运行模式、组织结构等方面迥然相异，融合难度往往较大。从实践层面上来讲，哪些维度可以融合、如何融合，激励机制的设置与组织壁垒的破除，都是值得不断探究的问题。深化产教融合任重道远，杭职院充分吸取过往成功经验，对产业研究加强落细落小，对专业设置完善实施路径，依托实训基地试点，以"融以至善"校园文化作为理论指导，抱持开放心态，面向小微企业开放服务，以新发展理念规划建设产教融合园区。统筹推进高教园区与经济技术开发区、高新技术产业开发区等联动发展。产教融合涉及跨领域、跨校企、跨部门的统筹协调和管理，因此协同推进和落实的工作量、工作难度很大，不像以前只需要教育部门发个文件就能办事。原有的"条块管理"体制，已经很难满足职业教育的跨界发展需要。亟须政府部门牵头成立统筹产教融合机构，融合教育、人社、经济和信息化、财政、国有资产监督管理等职能部门，建立综合管理服务平台，依托平台整合资源，协同推进落实产教融合。杭职院则可以发挥平台优势，以高职院校优势专业为依托，结合杭州市产业发展需求，与国内知名高校、科研院所、行业、企业等联合建设一批协同创新中心。学校与企业共同组建技术研究院、产业技术联盟等协同创新组织，完善"十四五"产教融合项目库建设，着力于教学革新、专业整合、实践实创、产学合作。

杭职院不断开展产教融合的理论研究，坚决奉行研究先行、调研为准，为实践提供指导，不断开展产教融合效能评价和产教融合评估，树立典型，重视宣传。"融善"文化在这个过程中扮演着重要角色，起到了主要的推动力量。在"融而合之""融以至善"的文化理念下，社会公众切身感受到职业教育与生活实实在在的联系，以及对个人职业生涯的重要影响，从而形成全社会充分理解支持、尊重职业教育、主动参与产教融合的良好氛围。

第三节 教师融入学校发展

高职院校是一个广阔的教育平台，教师队伍则是这个平台最重要的载体。"师者，所以传道授业解惑也"，学校的校园文化、教学理念、专业授课以及教育实践，最终都要通过教师主体去落地、去实现。可以说，没有教师队伍的发展，就不会有学校的可持续发展。杭职院在科学把握两者辩证统一关系基础上，构建了良好的运行机制和和谐环境，让教师得以全面融入学校发展、找到发展定位、实现自身价值。

杭职院的"师者传道"，是在"融善"文化的熏陶和影响下践行的。教师职工队伍以"育人"作为教学基石，教学第一要义就是"先教做人"，开学第一课永远是给学生传播优秀道德品质，讲授如何树立远大理想、正确三观。杭职院的"师者授业"，是指教师要融入学校教育改革发展大方向，加强自身学习，对接社会及市场、产业对相关专业的技能要求和素质要求。每一位杭职院的教师，自身都应当是一名终身学习者，利用"校企共同体"的优势平台，走出校门，拥抱企业，甚至直接入驻企业的专业岗位，去学习最先进、最实际、最接近企业需求的专业技能。在这个基础上，教师再对学生进行教学指导，教课效果自然会更加显著；学生也因为能够学习和接触到社会企业生产第一线的技能知识而感到好奇，充满信心，为将来体面就业打下坚实基础。杭职院的"师者解惑"，意味着要将教师队伍打造成一支综合性的、全面发展的骨干力量，教师要主动融入学校未来发展和当前改革，熟悉并理解学校教改政策、背景、方针，并在融会贯通之后，回答学生的疑惑。关系到未来就业方面的问题是学生们最为关心的，这就要求教师必须走出书屋，熟悉社会，摸透产业，了解企业。唯有如此，才能够回答学生关于学习乃至人生的困惑，成长为真正的教师。

教师是学校发展的关键,学校是教师发展的基石。是否将教师发展融入学校的产学发展,事关学校的生死存亡和发展前途。杭职院自成立以来,特别是 2007 年之后,经历了快速扩张的发展时期,各种挑战和机遇接踵而来,校领导和广大师生都认识到发展就是硬道理。随着发展规模的扩增,随之而来的战略方向不仅仅是数量型发展,而是更加偏重质量型发展;不仅仅是注重外延型扩张,而是更注重内涵型增长。发展的重点、主攻方向将转到提高质量、丰富内涵上。在这个发展理念的基础上,杭职院确定了"12345"发展战略。

然而,只有把"12345"发展战略落地到教师主体身上,才能有的放矢,把理念政策落到实处,否则一切战略都只是空中楼阁。为了使这些发展理念、教学目标和学校定位等深入教师的理念,成为教师内心的价值认同,学校通过制定和实施"三年行动计划"、"十二五"发展规划,举全校之力成功创建国家骨干高职院校并以优秀等级完成验收。学校通过专业结构调整、深化人才培养模式改革,以及召开全校教职工大会、举办各类培训、组织教师到兄弟院校学习等,推进了教师对学校发展理念和建设国内一流、具有一定国际影响力的高职院校目标愿景的认同,极大地促进了教师融入学校发展的自觉性。多年来,杭职院坚持把教师融入学校发展作为教师专业成长的基石,面向全体教师开展职业生涯规划工作,专门出台《杭州职业技术学院教职工职业生涯规划工作实施办法》,积极引导教职工围绕学校发展的共同愿景规划个人的职业生涯,促进教职工个人、院系(部门)与学校平台和谐共舞、协调共鸣,最终实现多赢。学校将教职工职业生涯实践情况作为评优、考核、晋升的重要依据,每年年度考核时一并对教职工职业生涯发展状态进行评估,并协助教职工在适当调整和修正规划目标的基础上制定下一年度具体指标。专门建立了关于教职工职业生涯规划工作体系的相关部门,负责职能部门教职工职业生涯规划的管理、咨询、分析和指导工作。

学校各二级院（系）相继成立教职工职业生涯发展指导委员会，负责本院（系）教职工职业生涯规划的咨询、分析和指导工作。教职工的职业生涯规划工作被纳入各二级院（系）负责人的工作职责，各二级院（系）教职工职业生涯规划的日常具体工作都由指定专门人员负责。学校人事处牵头成立职能部门教职工职业生涯指导委员会，负责提供各种资源支撑。反观教师队伍，他们并不是被动应对，而是可以借助职业生涯规划工作体系主动作为。作为职业生涯规划的主角，教师可以根据自身的条件和学校的发展要求填写《教职工职业生涯规划表》，向学校清晰地表达个人职业生涯计划和发展愿望，并在学校资源的强有力支撑下，有效地管理自己的职业生涯。每一年教师还可以对自己一年来的职业生涯规划执行情况进行总结，重新修订自己的职业目标，制定下一年度的行动方案。学校将其纳入职业规划体系，实现动态更新维护，不断调整航向。

历年来，学校坚持以教师为主体，以爱岗敬业为着力点和落脚点，依托"融善"校园文化的强大人文塑造作用，积极营造浓厚的治学育人氛围，努力为教师提供优越的工作、生活条件和优良的专业成长环境。激励教师全身心投入学校建设，实现教师专业成长与学校事业发展的融合统一。"工欲善其事，必先利其器"，杭职院大力实施教职工民生改善工程，投入巨额资金，用于笔记本电脑配置及其更新、建设教工食堂和咖啡吧、建设膜结构停车棚、安装电动自行车充电与净化水设施、购置上下班大客车、设立私家车洗车点、共建教师下沙宿舍、建设教职工健身中心、开辟亲子活动室等。不断改善教师办公硬件软件的环境条件，为每位教师购置配备了铁皮衣物柜，为教师的办公场所添置花卉植物。学校依托"融善"文化，把善待教职工工作做到实处、落到细节，使尊师重道的氛围愈发浓厚。建设生态化、园林化校园，建成"融"石、"善"湖、"融"池、银杏林、桃李林，开展以"敲墙运动"为主题的园林小品等，初步形成"春有花、夏有荫、秋有果、冬有绿"的校园环境，极大地提升了教职工的工作环境满意度，使教师在校园环境中进行春风化雨的育人工作，使学生在教学环境中如沐春风地接受教育。

杭职院坚持"融""善"办学文化，校党政和各二级学院、各部门认真贯彻体现人本管理、人文关怀的管理理念，时时、事事、处处以教师的根本利益作为工作的根本指向，真诚推动教师成长，真心维护教师利益，真情关爱教师身心，赢得了教师的支持和拥护，调动了教师投身教育教学、献身学校发展的积极性、主动性和创造性。杭职院多管齐下，努力建设"双师型"师资队伍，而且把这件事当成学校发展道路上的头等大事。着力培养具有"双师型"素质的教师，使其成为学科、专业的带头人。以适应岗位要求和提高实际业务水平为主要目的，组织开展教师进修工作，注重教师实际操作技能的提高。在教学安排上，学校保证每2年安排1—2个月时间，让教师到专业对口的企业、公司或学院的实训基地参与实际的生产、工作。各二级院（系）根据专业建设与教学任务情况，按照专业对口原则，有计划分期分批安排专任专业教师到企业实践，并明确下企业锻炼的具体任务和要求，这是推进教师融入产学的关键之举。

凭借校企合作的东风，教师积极深入企业第一线，结合教学实际，及时掌握本专业发展动态及实际应用情况，充分了解相应的业务流程、岗位素质、知识技能要求，积极参与项目实践与研发，努力提高自身素质，并为学院专业建设及改革提供支撑。形成"先学而后教""从企业中来，到教学中去"的浓郁教职工学习氛围。学校着力强化教师对学校顶层设计、发展道路、管理服务、人才培养、社会地位、杭职家园的认同感、愉悦感、满意感、成就感、归属感。教师是学校的主人翁，而不是雇工。近年来，学校坚持"学校发展、教师为本"理念，实施教职工职业生涯规划、教师能力提升计划、"51133人才高地计划""教师企业经历工程""教师学生工作经历工程"、组织教师出国研修等制度，为促进教师专业成长出政策、搭平台、维权利、优环境，营造了教师和谐相处、共荣共进的精神家园，大大提升了教师的职业成就感、幸福感。学校实施领军人才、名师名匠、人生导师、国际化人才等四大重点工程，实现了师资队伍建设的新突破。

行业、企业、学校三方共构师资团队，融通资源、融汇合力、融聚人才，打造了一支包含通识教育教师、实践实训教师、专业理论教师的高水平师资队伍。三方共同制定人才培养方案、共同组织教学实施、共同开展教研活动、共同实施学生评价等，形成了业内颇具特色的"三师共育"教学模式。同时，通过职称直聘、薪酬制、制度化的师资培训和进修，构建了教师发展的新生态，构建了一支结构优、能力强、服务社会成效突出的师资队伍，真正实现了教师队伍融入学校产学一体化进程。

第四节　学生融入专业发展

杭职院自成立以来，就立足于青年学生，从他们的视角出发思考教育本质。因此，杭职院始终高度重视学生的专业教育和未来就业，致力于实现学生的体面就业，并在专业教育的潜移默化培养中，塑造学生的专业态度和敬业精神。

在杭职院，新生始业教育是学生融入专业发展的第一课。这堂课的背后有一个现实背景，即大多数家长和学生在填报入学志愿的时候，对专业划分和内涵了解不深，以至于让学生报选了不感兴趣或者不适合自身的专业。这就导致很多年轻学子在入学后很快就对所学专业丧失了兴趣。所以，始业教育作为第一课，要回答学生以下几个问题：你所选读的专业学些什么？专业具备什么特色和前景？如何学习专业知识？始业教育要帮助莘莘学子解决对学业和未来前景的迷茫问题。始业教育的课堂理念很纯粹，它坚信：学生是能够被引导的，对所选专业的兴趣也是能够被培养和激发的，这也是始业教育的首要任务。为了引导学生从只会读书的"两脚书橱"转向接地气的学有所专的技能型人才，杭职院开展了形式内容丰富的教学活动。新生入学后，学校会派专人向他们全面介绍学院的历史与发展状况、专业学科建设、人才队伍建设、实验室建设、产学研合作情况，并带领学生参观校园里的每一个角落，让他们亲身感受并融入校园的文化环境和氛围，学生亲身体验"融善"文化，感受到融善融通的文化魅力，感受到校园环境对他们发自内心的爱护与尊重，体验到奋发进取的文化魅力后，更能看清楚专业和自己的未来。

达利女装学院就是一个很好的例子，展示出了杭职院如何开展学生融入专业发展工作。为了让学生更加直观地了解和熟悉专业，达利女装学院除了派出专业负责人和专家教师深入讲解该专业的行业发展现状与前景，还会把一件件精美的作品、一幅幅构思精巧的设计图片展现在同学的面前，吸引同学的眼球。聆听服装历史，浏览服装工艺流程，体味杭派女装的秀美神韵，这些举措大大增强了学生对于专业的感性认识。很多学生在了解女装行业之前，因为缺乏足够相关的知识储备，往往会以为："不就是做衣服的吗？"然而在参观学习之后，他们对服装的热爱之情往往会被激发出来。自古以来，中国人对穿着就很有讲究，美在细节、美在感受、美在文化，一件美丽的女装背后，承载着的是文化与审美的交融、传统与革新的交织、是人类与生俱来的对美的追求。学生因此对服装专业迸发出了探索欲与浓厚的学习渴望。入学之前，大多数学生的学习成果只体现为分数，然而在达利女装学院这样的专业学院里，他们的学习成果不再仅仅以分数为评判标准，而更多以美的形式展现出来。

除了增加学生的感性认识，科学的专业学习目标与规划也非常重要，而刚刚入学的学生大多数不具备这样的规划能力。杭职院先学生之所虑，走在学生的前面，组织专人指导学生如何设置大学三年明确的学习目标与学习计划，大大降低了学生试错犯错的成本，让他们不会在最美好的青春时光里浪掷时光、蹉跎年华。学校还开设了一系列讲座，请来名师讲课，提升学生的人生追求境界，让他们思考一些更宏大但很重要的命题，诸如"我来杭职院做什么""我毕业后要成为什么样的人"等。学校邀请优秀校友代表和学生一起座谈，以他们的人生经历和创业历程鼓舞学生敢想、敢做、敢拼，当立鸿鹄之志，应有不屈之心。除了上述形式，杭职院还特别注重新老学生之间、各二级学院之间的互动交流。二级学院通过主题班会、新老生交流会、专题讲座等形式，引导学生深入认识专业，建立起专业情感和学好专业的信心。事实证明，各专业之间并不是孤立的，尤其在传授专业知识、宣传专业历史、渲染专业魅力的时候，很多院系和专业的课程可以融合，联合举办的各种活动丰富多彩。

技能文化节正是集大成展示技能风采的舞台，杭职院为了进一步激发学生的专业学习兴趣，促进专业技能和职业素养的提高，专门给各个专业的学生搭建了一个展示平台，技能文化节应运而生。技能文化节有机结合校园"融善"文化，把专业的职业性、学生的专业性进行融会贯通，开展内容形式丰富、专业特色鲜明的技能文化活动，锤炼学生专业技能，激发学生的创业意识和创新思维，培育学生职业品格。很多老职工至今仍记得2004年学校举办第一届技能文化节时的空前盛况，其时的热烈氛围昭显了学生的青春洋溢、朝气蓬勃。此后，学校的技能文化节在每年的4月至5月如期举行。2021年，技能文化节更名为工匠技能节，旨在将校园文化活动和专业教学紧密结合起来，弘扬精益求精的工匠精神，展示不同专业学生的技能特点和实操能力，为学生搭建展示技能和检验教学成果的平台，培养学生的职业道德、职业技能和工匠精神，营造"文明竞技，素养为先"的技能文化氛围，激励学生争当与时俱进、开拓创新的大国匠才。

工匠文化节每届都会确定不同的主题和重点，但都围绕着学生融入专业发展的理念创办，让学生的职业技能和文化素养得到了普遍的提升。简言之，工匠文化节的主角就是各个学院、各个专业的学生。工匠文化节实行"学校、二级学院、班级"三级联动，灵活、创新性地开展各项活动。活动积极依托各专业资源，发挥专业所在二级学院的主观能动性，提高活动的专业深度，有效延伸第二课堂，力求使工匠文化节成为学生全面融入专业发展的主阵地、练兵场。工匠文化节着重融入学校的校园文化、教学特点和专业特色，突出学生的技能培养和引导。如友嘉机电学院的机械制图技能大赛、CAD 技能大赛，达利女装学院的"乱花迷眼"服装立体裁剪造型比赛、时装模特大赛、电脑服饰款式图绘制大赛、服装 CAD 技能大赛，信息工程学院的"东忠杯"程序设计大赛，杭州动漫游戏学院的"青春校园"影像剧制作大赛、插漫画大赛，商贸旅游学院的导游小姐（先生）大赛、会计基本技能大赛、营销策划大赛，生态健康学院的生物制药发酵技能比武大赛、艺术插花技能比赛，吉利汽车学院的汽车广告创意设计大赛、汽车轮胎装卸大赛、汽车转向器拆装技能大赛等。多姿多彩的技能大赛，进一步激发了学生的创业意识和创新思维，培养了学生的竞争意识和进取精神，以及敬业、务实、坚忍、协作的职业素养。

工匠文化节的红火开展，对学生融入专业发展起到了推动的作用；学生通过工匠文化节的各项专业展示、比赛，对所学专业知识有了感性的认识，也借此了解到自身的专业兴趣与爱好定位，对专业就业后的岗位需求有了深入了解，也激发出职业意识。通过工匠文化节的成功举办，学校培养出一大批素质过硬、颇具创新创业精神的优秀学生，他们以文化节为展示舞台，在扎实的专业知识基础上展现出了个性才华和蓬勃创意。工匠文化节中涌动的创意与创新思维还催生了一个新型活动项目——岗位模拟工作室。近年来，学校先后成立了植物克隆工作室、学生旅游俱乐部、立体裁剪工作室、营养食品工作室等 11 个岗位模拟工作室，把社会工作场景在校园环境中模拟出来，使学生进行实景体察、学习。经过各个工作室的实践，学生可以发现自己在专业上的不足，对理论知识的理解更加透彻，专业理论知识和实践职业技能也得到了更好融合，极大地提升了学生就业的竞争力，扩充了就业面。学校对这些工作室不断加大培植力度，对教育平台不断拓展，与时俱进，融合社会新兴产业，如对于近年火爆的人工智能领域，学校已开始研究制定相关专业的学习和指导政策。工匠文化节体现出了杭职院"融善"校园文化的包容性、开放性、创造性。"融以至善"，则所学所得皆可知行合一、融会贯通，从而迸发出学生的创造潜力和个性魅力。这也是工匠文化节在杭职院长盛不衰的根源所在。

除了成功举办工匠文化节，杭职院还开展了社团文化节，于每年11月举行，历时一个多月。它依托学生自愿创立的各个社团开展活动，更加重视学生的个人兴趣、爱好、特长或是自身需要。文化节以各个二级学院专业文化建设为切入口，结合学院专业特色，与学生活动紧密结合在一起，成功实现了学生"玩"转爱好与"玩"转专业的融合。杭职院高度重视学生活动，以活动促进学习，以学习带动专业，使学生在"玩耍"和"比赛"中融入专业发展，教育成效显著。杭职院每年开展的学生活动种类丰富，其中诸如高雅艺术进校园、校园文化进公寓、工匠文化节、文化艺术节、善湖风系列等已经成为品牌。这些活动对提升学生与专业的相融互通起到了很大的作用，一个人的才华背后是能力，能力背后则是专业，专业的背后则是学习。

学生要想融入专业发展，专业就要给学生提供和保障明确的、清晰的、有希望的前景，使学生在就业的时候能够具备市场人才竞争力，实现体面就业，顺利融入社会。学校为此成立了学校、二级学院两级就业工作领导机构，形成了"一把手"负总责、职能部门和二级学院抓落实、全校教职员工共同参与的就业工作体制。专业好不好，市场说了算。该体制的设立，使得杭职院避免了一些不合理的专业设置导致的大学生毕业即失业的局面，从而让学生在选择和学习专业的时候，更有信心、有底气、有盼头。学不会白学，学必有用，必有正面反馈，推动了学生积极融入专业学习。只有把专业变活，学生才能活学活用，可是专业如何变活？只能放到社会大熔炉中接受市场的检验。杭职院提出了"创业带动学业，提升就业能力"的创业教育理念，构建了"通识教育＋创新教育＋专门教育＋创业实践"的渐进式创业教育体系，制定了科学的体面就业评价指标体系，力推"企业主体、学校主导"的校企合作育人机制。

对高职院校来说，要脚踏实地，接地气，要把学校的触角伸向社会各个行业和角落，并引导、敦促、鼓励学生积极踏入社会锻炼。学校相继出台了"护犊资金""领航导师"、个性化培养、文化育人、职业素养教育、师德师风建设等一系列制度性规定，创新形成了以"友嘉模式""达利现象""特种方案"等校企高度融合为典型特征的工学结合人才培养模式，保障了人才培养工作质量，极大地提升了学生的职业素养和就业竞争力，为学生体面就业奠定了扎实的基础。专业彻底变"活"了以后，对学生产生了强大的吸引力。学生能把所学变成所用，毕业后很快就能进入角色状态，融入社会，并以专业、敬业、职业的态度开拓进取，取得在职场中的丰硕成果，并促进社会的发展。

第六章 "融善"教育范式与社会透视

第一节 融入：重构课堂，创新创业

高职院校的教育理念、教学方式、专业设定以及教学实践等方面，最终都要在课堂上落地体现。课堂教学是高职教育中的重中之重，也是主阵地和突破口。可以说，各项教育实践和改革政策，其落脚点和试验田都会最终归于课堂之上。

杭职院自成立以来，始终把课堂教学作为教学抓手，把专业与课堂有机嫁接，形成"融善"文化哺育课堂、"融善"课堂培养人才、"融善"人才回馈社会的教育链条。众所周知，杭职院多年来已经积淀了深厚的"融善"校园文化氛围，这种氛围既是一种精神力量，也是一种人文意识和教学关怀。在这样的文化积淀土壤之上，杭职院的课堂教学开展自然也受到了潜移默化的影响，体现在以下三个方面：一是文化熏陶了"人文课堂"的校园软环境，课堂教学气氛融洽，师生和睦，教学互动良好；二是文化印证了"专业课堂"的校园硬实力，学校融入社会以及专业融入产业效果最终都体现在课堂上，客观上极大提升了课堂教育质量，学生成材率高；三是文化支撑了"重构课堂"的校园创新力，一切关于课堂教学的改善、创新、创造和思考，都有"融以至善"文化思想的指导，学校走正途、迈大路、阔步前进。

正是在这三方面文化课堂的融合中，杭职院开始了"融善"文化下的课堂重构。杭职院在明确"立足开发区、服务杭州市"的办学定位后，确立了"重构课堂、联通岗位、双师共育、校企联动"的教学改革思路。有了思路，就有了出路。重构课堂的好戏开始登场，杭职院的课堂建设有了广阔的发展空间。重构课堂伴随着杭职院教育改革的全过程，改革之初，杭职院曾有几番如何办高职教育的思辨。高职教育有着自己的办学特点，它必须围绕学生就业这一核心开展教学。高职院校非常讲究理论联系实际，以实践为主，以学生顺利就业、体面就业为教学目标，这也是为学生的核心利益服务的体现。随着社会经济迅猛发展，社会对学生就业技能、职业素养、基础能力等各方面有了全新和更高的要求。高职院校的教育责任，就是要做学生与社会之间的桥梁，能让学生走稳自己的前途。当今普遍存在于高等院校毕业生群体的问题是，所学理论脱离了实际，学生动手能力差，专业与社会不对口。这个表象问题的背后，则反映出高等院校包括职业院校的专业设置不合理、课堂教学内容陈旧、课堂教学形式不受学生欢迎等一系列问题。杭职院在对这些问题进行充分论证之后，高举教育改革大旗，其中的核心点在于重构课堂。

课堂该如何重构？首先要明确杭职院的职能，一切以提升学生就业能力、提高就业率、改善就业质量为目标。杭职院提出"走出教材、走出教室、走出学校"的具体实施思路，把重理论的教育内容导向重实践，重构了人才培养模式，在给学生灌输基本理论知识的同时，想尽办法提升学生的实践动手动脑能力。

走出教材，就是不以教材为唯一的教学指南和标准，而是将其与专业、与社会需求相结合。走出教材的另一种形式是把社会专业知识需求迎进课堂。这样的课堂教育设计，使学生身在课堂，就能了解社会上最前沿、最贴近企业实际的专业技能知识，从而做到有的放矢，有针对性地开展知识学习。

走出教室，有两层含义。一是教职工和学生要在教育理念上过关，意识到专业技能知识更多来自社会实践。教室的局限性体现在缺少各种教育实践的手段，黑板上是画不出实际能用、能操作的机械设备的；课桌上也做不出服装版式。为此，杭职院掀起了"敲墙运动"，把普通教室的墙面敲掉，把机器设备、生产机械搬入课堂，使课堂与车间融而为一。这样一来，课堂教育就具备了真实生产情境，从教学实践层面而言，这是杭职院"融善"文化的一例鲜明体现。另一个含义是：教职工和学生走出课堂后去哪里？就像当年人们关注"娜拉出走"，很多人只停留在为娜拉出走而鼓掌叫好，却不想娜拉出走之后，她才真正开始对自己的人生负责。杭职院不是盲目把学生推出课堂，而是以高度的责任感、长远的教育眼光，为学生铺就走出课堂后的社会实践之路。从就业角度来看，学生走出课堂后，相当于提前走上了岗位，在真实的岗位环境中磨炼自己的心态和意志。

走出学校，则是杭职人"敲墙运动"的最终目的。事实上，学生在走出课堂以后，不可能一步到位到社会企业的实际生产岗位。毕竟，社会企业的岗位需求是招来即用，它们的培训理念自然做不到像杭职院等高职院校这样专业、全面、有深度，社会企业也不具备高职院校这样的人才培养系统。所以，杭职院建设了实训基地，让学生在走出课堂之后、走出学校之前，先在实训基地、学校模拟车间等专业环境下初步接受产业训练，培养职业技能，端正职业态度。在此基础上，学生从课堂迈入社会企业。应该说，高等院校学生在毕业之前进入企业参与毕业实习，早已经是惯例，然而，这类毕业实习普遍存在的问题是时间短、多形式主义，学生心态浮躁、疲于应付。杭职院为推动学生走出学校，有意识地避开了以上问题，打破学校相对封闭的社会空间，避免学生陷入宿舍、课堂、食堂三点一线的循环，应早尽早，提前让学生与社会接轨。杭职院积极对接社会企业，打通相应环节，为学生走入企业做好铺垫工作。此外，杭职院还推出了学历、学力、职业资格三证书制度，重组了高职教育的课程体系，改革配套了相关教学模式，更新了相关教学质量评价方法和监控体系，构建出"双证融合"的教学体系。该教学体系融合了学生的职业素质、文化科学素质、思想道德素质、心理健康素质等教学内容，并将之层层分解、逐层细化到各个教学环节，创造了一个良好的素质教育环境。三证书制度的推广，使得重构课堂的教学改革建立在了可靠、有效的制度基础上。除了学历证书，还有能够有效体现职业技能学习成果的学力证书以及职业资格证书。环环相扣，既没有丢失传统课堂理论课程（通过学历证书体现）的精髓，又把学历和职业资格证书融合进去，大大增强了课堂的实效性，扩大了教学范围。

重构课堂的目标是面向就业，强化学生实践训练能力并使之积累相关岗位的工作经验。让学生走出社会之后，能实现从课堂到社会的、无障碍的转型，告别初入社会初次就业产生的不适应症和阵痛感。杭职院十分重视课堂教学这一文化梯度育人的主阵地，并在重构课堂的过程中，有机融入校园"融善"文化，注重文化与教学内容的贴合度、学生接受的愉悦度，努力避免"融善"文化与教学内容貌合神离的问题。杭职院在坚定课堂教学目标围绕就业的同时，积极开展多样化探索，按照不同院系、不同专业、不同师生定制教学任务，不设立所谓固定模式或者硬性指标，不提倡规范化，成功让课堂教学内容与教学目标融会贯通，把课堂专业的理论性、科学性、实用性、效能性等融为一体，实现了重构课堂、优化课堂的教育改革初衷。

杭职院十分重视学生职业技能的培养与考核，将此作为课堂教学内容的重中之重。而职业技能的学习和取得，大部分还是在课堂教学中完成的。重构课堂，也是为了激发学生对职业技能的学习兴趣，端正学生对职业技能的学习态度，提高学生对职业技能的学习动力，促成学生的职业技能学习成果。在重构课堂的教育实践中，杭职院创造性地建立了相关岗位模拟工作室，把课堂教室延伸为岗位工作室。这是另一种意义上的"敲墙运动"，把教室与专业岗位之间无形的墙拆开，以工作室的形式将学生所学与岗位所需实际融合起来。这一系列举措贯彻了重构课堂的思路，让学生迅速投入实践，走进岗位。

学生得以采取一条最直接、最方便的途径走出课本课堂，走向岗位实践，在锻炼实践能力的同时又能兼顾理论知识学习。在工作室里，学生可以彻底融入岗位角色，所学即所用、所见即所得，职业技能和就业能力在工作室里得到了锻炼和培养，走出学校的准备也在工作室内完成。例如，信息工程学院建立了"平面设计工作室"，教师带领学生为学校制作海报、改版网站，同时还接受一些为企业制作软件的外派任务，提前锻炼学生的岗位技能，磨炼岗位心态。商贸旅游学院则成立了"会计工作教室"，打通学生从填制凭证、记账、对账、结账，到最后编制会计报表的全流程体验，对学生进行一系列企业业务的全真训练，使学生真正在实践中具备了职业岗位能力。将来学生到会计岗位工作，可以对工作内容无缝衔接，上手就会，对学生个人和企业来说，堪称一举多得。商贸旅游学院旅游专业在重构课堂中，与杭州走天下旅行社合作；在校内组建了学生旅游俱乐部。学校第一年支付一定的"挂靠费"并投资相关设备，俱乐部由旅行社管理，交由学生自主经营，这样的"课堂"几乎等同于实际就业。在这种"课堂"氛围中，学生亲身体验并学习最实用、最为市场所需的职业技能，重构课堂的成果显著，深受旅游专业师生的欢迎。学生旅游俱乐部成立至今，成功完成数十笔业务，极大地锻炼了学生的实践和创业能力，提高了职业素养。

事实证明，当传统古板生硬的课堂模式得到改变、解构、重组、融汇以后，学生的学习质量得到了极大提升，职业技能也得到了有效锻炼和加强。重构课堂，一利百利。

第二节 融通：联通岗位，改革课程

杭职院"融善"校园文化具有普适性的文化张力，在杭职院立足开发区、服务杭州市、积极推进校企合作的教育改革中，起到了推进剂和黏合剂的作用。

作为教育改革中的重要一环，联通岗位基于校企合作岗位的互联互融。从学生所身处的课堂，到校园，再到企业的岗位，这个教育链条是需要打通的。对高职院校而言，服务于学生就业是立足的根本，也是职业学校最大的教育特色。

事实上，联通岗位是校企合作工作的细化体现，也是最重要的实施步骤之一。所谓"联"，就要明确谁和谁联？是学校和企业"联"；怎么实现"联"？需要校企双方设置一系列的流程，创造一个教育实践体系，来实现"联"的目的和行为；怎么巩固和维护"联"的成果？这就需要校企双方不断研究探索合作的前景，根据时代和市场的变化，随时调整"联"的基础、方向、趋势以及途径。所谓"通"，一方面指出了"联"的指向和目标；另一方面，也是校企合作所追求的"融通"和"融合"效果。如何保证能够联而通？需要双方拿出最大的诚意，学习改进专业和课堂设置设计，出台政策支持鼓励学生走向企业岗位接受技能培训和心态磨炼，而企业也要对合作专业的岗位进行一定程度的调整，使之符合学生的学习实际。

作为"联通"的对象，也就是校企合作的着力点——岗位，则是依据专业产业的不同而具备个性化、定制化、专业化的特点。不同的专业面向的工作岗位自然是不同的，具体到联通岗位的实际操作，要量需而行，根据专业的特点、技能、市场需求进行专门的岗位设置，并尽可能贴近企业岗位的运营实况。校企合作的双方分别是高职院校和社会企业，它们合作的交融点，正是"岗位"，明白了这一点，校企合作的教改思路便从中找到了铺设路径。杭职院提出了"首岗适应、多岗迁移、可持续发展"的人才培养范式，并得到了实践验证。学校提出"创业能力是高职学生的核心能力"，"杭职院可能没有'马云'式的人物，但必须有培育'马云'式人物的平台"。平台对学校层面而言，是打破传统课堂设计和专业局限，形成联合企业的人才输出全通道；平台对企业层面而言，则是实际的、与企业生产、与市场需求紧密挂钩的工作岗位，联手学校，可以形成人才储备的全链条流通。

基于该教育理念，杭职院提出了"以创业带动学业，提升就业能力"的就业创业工作理念，把创业教育纳入学校人才培养工作方案，为提升学生的创业能力进而促进学生体面就业创造了良好条件。这也需要学校制定一定的政策来推动。为此，杭职院开始每年制定并严格执行《杭州职业技术学院关于制定专业教学计划的原则意见》，根据社会、经济和科学、文化的发展要求开展专业教学计划修订工作，确保人才培养的科学性和适用性。此举为联通岗位铺垫了政策基础。学校由教务处牵头，对全院每一个专业精心制定人才培养方案，从岗位描述、任务分析、能力定位、课程设置、队伍建设、企业支撑等多个方面逐一进行论证，厘清了各个专业的岗位定位，联通岗位的教改思路因此而得以全面落实。

联通岗位与校企全面深度合作息息相关，它既是校企合作的一种具体形式，也是校企合作的成果。而校企合作改革高职院校课程体系与人才标准的一体化密切相关，前者既可以配合后者，又可以推动后者的实现。也就是说，联通岗位一定要出台人才标准和岗位标准。所谓人才标准的一体化，是指学校人才培养目标与企业人才标准相一致。课程体系是为人才培养目标服务的，是制定人才培养方案的核心，也是与企业岗位深层次沟通的基础。杭职院对联通岗位的整体思路进行了合理的论证，并在具体规划的过程中以人才标准一体化为最核心的动力，课程体系的改革因此而得以有条不紊地进行。各系、各专业结合自身的专业特点，在课程体系改革中整体思路一致且又各有侧重，将课程改革落到实处，收效显著。

杭职院的吉利汽车学院的课程改革就是一个最好的例子。在学校提出联通岗位整体思路后，吉利汽车学院认真结合自身实际情况，对本院课程体系的构建进行了深入研究。汽车产业历经百年，岗位体系早已经趋于成熟，然而，伴随着新能源电动汽车的兴起乃至成为主流，汽车产业仍然具备旺盛的创新动力，仍然走在时代经济变革的最前沿，而且求贤若渴。适应汽车产业创新发展给专业岗位带来的新机遇和新挑战，愈发重要。吉利汽车学院仔细调研参考了世界各地的案例，联系汽车企业生产实际设置课程，对接企业实际岗位，培养企业需要的人才。经过调研之后，学院形成了明确的课程改革理论指导，即汽车专业课程体系构建要体现汽车产业的人才标准，也要体现区域的政治、经济和技术优势，更具体的要求是与企业人才标准一体化。对企业而言，它们对人才的培养也有标准化的培训措施，具有与吉利汽车学院开展合作的动力和基础。企业方先是根据自身岗位设置的要求，对人才专业技能提出需求，再与学校形成互动融通，产生 1+1 大于 2 的累积效应。

企业在参与学校教学的过程中，会根据自己生产的实际需要来确定人才培养计划，针对性强，人才对接顺畅，能够解决企业普遍存在的在市场上找不到对口技术人才的问题；此外，企业提供部分岗位，提早介入学生就业实训，相当于是为未来的新晋员工做了岗前培训，学生可直接上岗，极大地减少了企业的培训成本，而且提升了企业的培训效果，还可以倒逼企业调整岗位需求，更契合当代青年学生的性格特点。

杭职院的学生经过三年的学习，深受校园"融善"文化的人文氛围熏陶，这也体现在学生学习、就业、创业、创新等方方面面。对企业而言，学生是一个个鲜活的个体，并不是标准化的器械零件。因此，在进行到岗培训的时候，企业也正好利用这一时期对学生进行个性方面的考察和熟悉，继而调整部分岗位的需求，使其更加贴近学生所想、所求、所能、所好。这种互动融合和彼此调整，对企业而言无疑更加具有吸引力，也能进一步解放学生的创造力，培育学生爱岗敬岗的奉献精神。所以，企业在寻找符合职业标准、能够承担相应岗位职责的人才的同时，也要为人才"量身定做"相关岗位。对学校而言，吉利汽车学院首先明确教学目的，即高职汽车专业建设的最终目的是培养能为企业所用的技能型人才。这类人才能够积极适应岗位，熟练掌握岗位所需的职业技能，并能够加以创新。吉利汽车学院所要做的，正是给学生提供成才的机遇，把人才成长所需要的一切养分、支持、熏陶和培养一步步做到位。

在进行联通岗位的具体实施工作中，吉利汽车学院要主动把脉，摸排清楚学生的想法和愿望，并在此基础上加以文化理念引导。学生往往激情有余而厚重不足，敢拼敢闯但稳定性欠缺，学校要针对学生的特点开展有针对性的指导，协助学生做好岗位的对接和适应工作。此外，为了和企业的岗位需求相适应，吉利汽车学院反复重点分析校企一体化前提下的人才标准问题，在改革过程中对于高职学生层次不高与企业化的人才标准升高的矛盾给予了充分的重视。可以说，联通岗位的过程，就是不断调和学生与企业双方矛盾的过程，对其中暴露出来的问题，及时、积极干预介入，这对人才的成长来说是不可或缺的重要一环。

联通岗位，意味着校企合作双方找到了利益共同点，合作也就水到渠成、顺理成章了。在校企合作的大背景下，联通岗位更加凸显出杭职院"融善"文化的重要性和基础性。融就是合，善就是为学生和企业的利益着想，正所谓"起心动念利他，一切方法自来"。正是立足于"融善"文化的出发点，杭职院才能在联通岗位的教学改革实践中一步一个脚印，扎实推进。杭职院以联通岗位作为整体思路，大力促进"工学结合""产学结合""岗学结合"，和合作企业一起携手探索，为培养新时代高素质技术技能人才提供了优秀样板和范式。

第三节　融汇：双师共育，双向互动

杭职院人曾对一个问题展开过深刻思索：高职的教学改革到底该向何处去？课堂教学中的校企合作、工学结合到底如何落实？如何突破？

对学校而言，能够推行教学改革的主体并非决策层，而是每一个课堂一线的老师。意识到这一点后，杭职院提出了"双师共育，双向互动"的教育改革思路。杭职院是由杭州市政府主办的，是杭州市要重点办好的高职院校，和政府、社会有着千丝万缕的联系。为此，杭职院充分发挥自身教学改革的优势，搭建职业技能人才培养平台，为社会源源不断地输送优秀的适应岗位的人才。那么，人才该如何培养？在重构课堂和联通岗位具体实施开展之后，毫无疑问还有一个重要因素，即教育培养人才的主干队伍——教师。一个蒙昧的老师，不可能教出聪明睿智的学生；一个不关心时事，对社会、产业、企业、经济和市场毫不关心、毫无了解的老师，当然只能给学生传授讲解一些纸上谈兵的技能知识。可以想见，如果是这样的教师队伍主导教学，学生对专业知识不但做不到与时俱进的了解，反而会被传统以背诵为主的教学考试方式影响，失去学习愿望和主动性，更谈不上未来的体面就业了。所以，杭职院在推行教学改革的时候，就下定决心先去推动教师队伍改革，旗帜鲜明地提出了"双师共育"的教改思路。

双师共育，顾名思义，包含两个客观主体，一个是学校内的教师队伍，一个是企业内的技师和专家。而"共育"则是指教师与企业技师强强联手，各取所长，互补所短，形成教育合力，从而对学生开展精准、更新、鲜活的专业技能教育培训。于是，杭职院出台了一系列政策和扶持计划，鼓励校园围墙内的教师走出校园，率先走向企业，当学生的排头兵和领导者。"融善"文化本身就具备广博的胸襟，它从不孤芳自赏，也不做"隐世书屋"。人才的培养是要以融入社会为前提的，人才的成长是要以促进提升社会的"善"为目标的，所以，教师走出校园，背后有强大的"融善"文化的塑造与加持。杭职院的教师从来不觉得走出校园是什么破天荒的、有悖于教学传统的举措，他们很自然地完成了角色转变。从讲桌到车间的距离，是许多老师一辈子都难以想象的无法跨越的鸿沟，然而对杭职院的教师来说，走出这一步理所当然。重构课堂也好，联通岗位也好，本质上就是要和企业实现跨界合作，以共同服务于满足学生就业和人才培养的核心目标。那么，教师不可推卸的责任和义务，就是以自身对企业的适应，带动学生的适应；以自身在岗位的学习，带动学生的学习。也就是说，先在教师层面上实现学校与企业的跨界合作。为了实现真正意义上的跨界合作，杭职院的所有专业都转向直接为企业服务，加快加深学习岗位和工作岗位的融合，推动促进学习与工作无缝对接。在学校教师和企业技师的共同指导帮助下，学生能够习得相对成熟的上岗工作能力，能够深入了解工作岗位的实际展开情况，能够实现专业与市场经济的联动，能够清晰专业未来的发展脉络和方向。学校教师和企业技师的双重教育，对学生而言是重要的补充，少了任何一方，都会导致学生的学习体系有所缺漏。学校和企业联合行动的结果就是学生一毕业就能直接为社会做贡献，直接促进生产力，实现一次就业率高位运行。

学校教师走出去，有多种形式和范式，比如教师去企业实地调研，与企业相关负责人进行洽谈，征求企业意见，了解企业诉求，并以此为基础，对往届毕业生融入企业的现状进行问卷调查，汇总分析，并形成相关的调研报告，指导当前或者明年双师共育的着力方向，甚至直接能够决定该专业是否应当调整、改革乃至关停。杭职院一度把原先差不多40多个专业调整为27

个，而且这 27 个专业也并非年年招生，而是要看就业市场的实际需求。而对某些优势专业，杭职院会增派教师骨干力量，力争把这些专业做大做强，形成品牌。为了实现上述教学内容，许多教师顶住了巨大压力，放弃了被市场和社会淘汰的或者不符合杭职院教学文化理念的专业，抛弃或者部分抛弃了原先专业的知识积累、学术影响，断臂求生，重新出发，最终成功实现了专业转型和跨界共赢，赢得了社会和企业的认可，也深受学生的好评，走出了崭新的天地。

杭职院的教师很清楚地意识到，企业如同在广袤的市场经济大海中扬帆远航，而高职院校则是居于海岸之上的人才基地。校企合作是职业教育发展的必然要求。但是企业与学校的价值取向并不是完全一致的。对企业而言，追求的是以尽可能低的成本，创造尽可能高的盈利，要效益、要发展、要在激烈的市场竞争中存活下来并发展壮大。学校的核心诉求也是求生存、求发展，追求教育人文理念的实现，以及实现学生的就业和个人成长。虽然两者的价值取向有所差异，但完全可以求同存异，找到共同的利益契合点。倘若没有共同利益点，合作是无法长久的。学校对育人理念的坚持和贯彻，企业对人才成长的需求和依赖，本就是一枚硬币的两面。企业以生产实际引领学校的教学；学校以企业岗位的技能需求为培养目标，反过来促进企业对人才的招揽。双方互补合作，融力于一处，明确人才培养目标与人才要求，推进专业建设，实行工学结合。

学校与企业要形成双师共育的良性模式，很重要的一点是实现跨界合作。教师要勇于应对挑战，打破专业之间的壁垒，让自己课堂所教的知识贴近企业专业岗位的实际所需。这个过程离不开教师的自我牺牲、调整以及奋进。秉持"融善"文化理念的教师队伍交出了一份让人满意的答卷，教师积极参与双师共育，各二级学院及专业更是踊跃参与。学校和企业共建教师团队，各个专业聘请企业专家担任专业负责人，实现双专业负责人制度，校企双方共同组建教学团队。学校聘请企业技术能手为课程负责人，共同开发专业核心课程，创新"共育"成效。同时，学校聘请企业专家来校授课、指导实践，课堂内容贴近工作实际、实用、生动、丰富、活泼，保证了内容的先进性。通过这一系列的方法，企业能够真正参与到人才培养的全过程。同时，培训、下企业、联合申报课题等方式，提高了专任教师的技术研发能力。通过企业的深度参与，学校打造了一支"专企融合"的双师团队。比如，学校和浙江西子航空合作共建的西子航空工业学院，每年会邀请百余位能工巧匠和企业高管来校开展教学实训，平均每个专业有 4 位像"阿福师傅"王水福一样的实训教师进校为学生指点迷津。再比如，东忠软件学院常年常驻学校的企业工程师就有 3 名，他们积极参与专业教学，主动承担相应的教学任务。

双师共育的顺利推进，得力于校企合作这一背景前提。杭职院的教育改革步伐坚定，学校的课程体系、课程目标、教学内容、评价标准等方面，都是校企共同制订的。学校教师与企业技师共同承担教学任务，共同管理、评价学生。学生既可以跟随教师学习基础理论知识，也可以经由企业技师传授掌握工作实用经验。通过教与学的相辅相成，内功外功的同时修炼，学生的各方面学习有了明显效果，也提升了学生的就业率，提高了就业质量，真正实现了学生体面就业，深受社会企业好评。推行双师共育，客观上形成了企业环境与校园环境的空间互换，学校教师与企业技师的角色互换，学校学生与企业员工的岗位互换，校园文化与企业文化的相互融合与碰撞。双师共育模式逐渐成熟之后，学校的教学形态、学习形态与企业的岗位管理、生产形态融为一体。经过多年双师共育的实施和演进，"双师"型骨干教师队伍建设成效显著。专业教学团队成为首批省级教学团队，团队拥有浙江省高职高专专业带头人 2 名，浙江省"151"人才工程培养人才 1 名，浙江省计算机教学指导委员会委员 1 名，杭州市"C 类"人才 1 名，杭州市"131"优秀中青年人才培养工程人才 1 名，浙江省访问工程师 4 名。通过校企联合培养，共有 4

名教师获得注册信息安全专业人员认证（CISP 认证，为顶级的安全认证），3
名教师获得网络安全应急响应技术工程师（CSERE）认证。兼职教师队伍也
日趋完善，学校聘请华为、安恒、新华三、联想等知名信息安全企业一线技
术专家担任兼职教师，参与专业课程教学、顶岗实习、学徒培养等工作。企
业专家均来自网络与信息安全企业，具有丰富的实践经验和技术水平。

双师共育骨干队伍的建设，有力推动了"校企命运共同体"长效机制的
构建。杭职院与教育部职业教育发展中心开展全面战略合作，集聚知名专家
学者、行业企业领军人物，建设国家级智库校企命运共同体研究院，引领校
企共同体高位发展。学校先后出现了"友嘉模式"和"达利现象"等校企合作
成功经验，同时推进和完善了"六大运行机制"建设，即在产学对接上，创
新管理共同体领导机制、产学研共同体融合机制和专业共同体建设机制；在
工学结合上，创新资源共同体互助机制和文化共同体交融机制；在双师共育
上，创新师资共同体互补机制。校企合作走出了新路子，并往多元化发展。
在与社会企业的合作中，杭职院已经摆脱了对单一专业的依赖和关注，而是
把教学目光放在了产业链上，以点结链，以链带面，先后发展出创新链、人
才链、教育链，并实现了深度融合，人才培养也从起初单独学习一项技能，
向综合型、复合型、全能型人才发展过渡，形成了双师融通，共育人才的
局面。

第四节　融合：校企联动，文化融合

杭职院传承的是"融善"文化理念，强调"融以至善""止于至善"的教
育文化诉求。文化理念关乎一个学校发展的核心内容，在杭职院推动"校企
联动，文化融合"的过程中，"融善"文化展现出其强大的适应性、优越性和

扩展性。

"融善"文化推动了学校和企业相互适应，相互融合。校企相互适应，是指学校与企业在职业技能、职业态度、职业发展、人才培养等相关领域彼此配合，相互融通，并且能够协同提升。"融善"文化发挥了学校与企业融合后的优越性，这意味着学校践行了职业高校的社会责任，即一切以学生就业为目的，为社会培养和输送专业型人才，促进社会产业和市场经济的发展。"融善"文化扩展了学校与企业合作的边界，学校通过与企业深度融合，推动"重构课堂、联通岗位"的教育改革，而企业通过与学校的积极联动，沉淀了人才储备，以工促学，产学结合，解除了企业人才匮乏的后顾之忧。

校企联动为学校和企业之间的联通、融汇架起了一座坚实的桥梁，企业可以全程参与学校专业教学，而学校也能够把学校与企业、专业与车间、课堂与岗位融合一体，形成了人才培养的标准化范式。学校和企业之间，围绕人才培养这一主题，通力合作，优化教学。杭职院坚持"企业主体、学校主导"的校企合作理念，由企业充当专业岗位实习实训的主体，确保人才培养流程经过企业专业岗位的实践考验，打破传统课堂与就业之间的鸿沟和隔膜。学校和企业共同负责，明确培养目标、专业方向与人才规格；企业积极参与高职院校的人才培养方案的制定，以及学校专业课程的建设。

学校主导育人全过程，包括进行课程开发、教学组织、教学管理、教学评估、教学研究，形成思政教育、道德规范教育。具体的实施举措包括重构课堂，采取类似"敲墙运动"，把课堂与实训、教室与车间打通。此外，学校还出台各种政策，鼓励各个二级学院和专业、学生创立工作室，把企业专业岗位引入学校，形成校内实训、创业、模拟就业等产教融合的局面。校企联动，意味着学校和企业的合作机制得到了巩固和创新，校企双方实现了资源共享、专业共建、团队共融、基地共建、文化共融。学校积极推进基于"工作室制"的现代学徒制人才培养模式改革，工作室就是一个个企业在校园里的落脚点。例如，动漫设计专业创新实践了基于企业典型产品开发的工作室制人才培养模式改革，按照"一专业多方向"的发展思路，以学生能力为本位，以企业产品为载体，构建突出职业能力与职业素养培养的项目化课程体系。

校企联动的过程中必然伴随着文化融合，缺乏文化层面的融通融合，校企的长期合作是不可能实现的。校企合作的基础，固然是建立在共同利益点的基础之上，以人才培养为核心，实现资源共享和互通，使学校发展和企业发展融通共赢。但学校和企业要想实现长期合作，紧跟时代社会模式变迁，适应激烈的市场经济竞争，文化和价值观层面的融合是必需条件。校企联动层面上的文化融合，首先是学校文化与企业文化的碰撞、交流和相融。杭职院深知其中利害，所以在选择合作企业的时候，优先去选择头部产业中的优秀企业。一个优秀的企业，必然有优秀的企业文化做内核支撑，如同当年马云创立阿里巴巴时的初心，有其文化灵魂——让天下没有难做的生意。正是在这样的价值观熏陶下，阿里巴巴站稳脚跟，从竞争激烈的电商市场中搏杀而出，成为行业标杆。杭职院在选择合作企业的时候，会认真审视、考察、研究企业自身的文化理念与价值观。学校会着重考察企业文化是否与杭职院"融善"文化相匹配，具体在融合开放、文化包容、价值观契合等方面展开调研，确认共识。同样的，企业也要认同学校的校园文化和价值观选择。同理，在学生就业是高职院校至高教学目标这一教育理念层面，学校也要高度认同并采取相应的教学调整、改革、优化。只有从教育文化理念上深度认同一切教学均服务于学生就业这一价值观，高职院校才具备勃勃生机和不息的生命活力。

可见，文化融合是校企联动的深层推动力，也是联通动因，保障了校企合作价值观的统一。具体到学校的各个二级学院，在专业文化层面也要与企业文化相互融合，融而创生，"融以至善"。在此基础上，各个二级学院才能够和企业专业岗位搭建联通渠道。二级学院是校企共同体最直接的运作载体。由于与企业的关系极为紧密，杭职院的众多二级学院内，企业参与人才培养的运行机制起步早、收效快，成就了学校的诸多典型，被其他专业甚至外校借鉴学习。达利女装学院在校企联动、文化融合方面就是一个绝佳例子。杭职院于 2009 年就开始与达利（中国）有限公司开展共建合作，并受到杭州市委市政府领导的高度重视。从那时起，学校依托达利女装学院，与达利公司联动融合，屡有合作创新。

达利女装学院是由学校原艺术系演变而来的，根据达利公司对岗位和人才规格的要求，对原有的专业和方向进行了大幅度调整，开设适应达利公司相应岗位需求的专业，产学紧密结合。达利女装学院原来开设了服装设计、针织技术与针织服装、艺术设计三个专业，经过双方深度合作，学院专业方向发生了适应性变化。学院根据达利公司的主导产品，把专业细分领域调整为服装制版与工艺、服装生产管理、时装零售与管理、横机工艺、纺织装饰艺术设计等专业方向，契合了服装市场的实际需要，符合了达利公司战略发展的大方向，也为学校专业调整提供了依据和支撑，保证了专业设置的灵活性和适应性。该学院多个专业的学生就业能动力更为强劲，就业适应力大幅增强，实现了体面就业。

杭职院推行校企联动的态度是认真和专业的，从联动机制上入手，保障联动融合顺利实现。学校众多二级学院实行理事会领导下的院长负责制，理事会成员由政府、企业、学校三方构成，领导班子成员由企业、学校共同委派并由理事会任命。目前，理事长、院长均由企业方代表担任。这一机制有效推动了校企的紧密合作，为服装设计专业双师型教学团队的建设奠定了坚实基础。在国家进入"十四五"期间，杭职院与达利公司的校企联动机制能够充分整合全球资源，用全球的视野进一步提高达利女装学院（校企共同体）的办学水平。学院努力打造标杆院系，充实内涵，全面完成"双高"建设任务；深化校企共同体的实践，在双方共同的目标上稳步推进，深化合作和发展。目前，达利女装学院重点建设服装设计与工艺、针织技术与针织服装、时装零售与管理、艺术设计4个专科专业群。建设服装设计与工程和视觉传达设计2个本科专业群。其中时装零售与管理为学院独创专业，在全国高职院校中也彰显了其独特性。自办学以来，达利女装学院的社会声誉日隆，连续六届荣获全国纺织工业联合会纺织教育教学成果一等奖，荣获全国教学成果一等奖、全国纺织行业技能人才培育突出贡献奖、中国纺织服装产业校企合作专业优秀案例奖等多项荣誉，并被列入杭州市公共实训基地分中心。达利女装学院的成功范式一度被称作"达利现象"，成为校企共同体的模范。学院实施了教师技能提升计划和新教师成长计划，推行院长与企业厂长（经理）、专业组长与车间主任、教师与师傅对接制度，定期安排专业教师到达利公司进行教学实践与产品开发，每学年轮流选派2名以上教师到企业担任技术员，培育了一支"身份互认、角色互换"的双师教学团队。达利公司出资150万元在萧山厂区建成了占地3000平方米的"厂中校"产学研中心，以达利新品研发为教学项目，师生每年产品研发量占达利公司年开发量的31%，"厂中校"运行模式成为全国示范。2018年校企共建纺织服装工程创新中心，在人才培养定位做"精"、产学研平台筑"高"、技术革新与创新引领能力拔"尖"方面再次发力。而这一切都是校企联动、文化融合的累累硕果。

2015年，杭职院与西泠印社牵手共建的"杭州职业技术学院非物质文化遗产传承教学创业基地"是校企合作助力文化推广、协同文化育人的又一典型案例。双方本着"资源共享、优势互补、互利互惠、共同发展"的原则，探索现代学徒制模式，培养"非遗"传承人。以"西泠学堂"进高校为载体，开设西泠印社金石篆刻（世界级非物质文化遗产）、雕版印刷技艺（国家级非物质文化遗产）、中式旗袍制作技艺（国家级非物质文化遗产）、纸伞制作技艺（浙江省非物质文化遗产）、全形拓技艺（国家级非物质文化遗产）5 个项目的"大师班"，让大学生面对面接触"非遗"技艺，进而激发学习兴趣，为"非遗"技艺传习传承和创新开辟路径。在此基础上，根据资源的层级及功能，逐步建成"一馆（浙乡非遗馆）—库（课程与素材资源库）—基地（传习创新基地）—平台（学习平台）"，打造丰富优质的资源体系。截至 2022 年初，传统手工业（非遗）技艺传习传承与创新专业教学资源库平台注册用户数达 3.5 万人。除此之外，"非遗"课程在国际上的影响力和传播力也在逐渐增强，*China Daily* 对油纸伞大师班做了专题报道，"非遗"资源库中的"金石篆刻""剪纸艺术"2 门英译课成为学校"汉语桥"项目的课程，这些都是对"非遗"教学基地的强有力的宣传，让"非遗"技艺"动起来""活起来"，走入百姓家中、走出国门、走向世界。

杭职院在教学全过程中融入合作企业的文化精神，开设关于企业理念、企业文化、企业道德的讲座，把企业管理和企业文化引入课堂。在杭职院的校园里，"融善"校园文化与众多企业文化交织融合，共同造就了丰富多彩的文化结晶。学生在校园里就可以接受行业龙头企业的先进文化熏陶，并在课堂教学中触摸到市场脉搏；课堂也因此变得生机无限，教学内容引人入胜，讲求实用；众多企业还在杭职院内部安排了学院的专业兼职讲师，在企业文化、职业心态、专业知识等多方面与在校师生形成教学互动，以增进相互之间的了解，达成共识，确保人才培养的质量。可以说，学院的专业文化和企业文化的融合便是深层次的联通动因，也是校企合作的保障。学校要实现与企业的深度融合，就要在构建课程体系时将企业文化融入课程体系，使学生在社会主义核心价值观、企业精神、经营理念、产业梦想等企业文化素质方面与企业职工相融，这无论对明确学生的学习动机还是对实现学生的"零距离"就业都十分重要。

校企联动还意味着明确校企分工，杜绝定位不清、角色互混的局面发生。在具体联动实践时双方积极配合彼此，通力合作，从校企联合体走向文化联合体，从表面走向实质，从我行我素，走向你中有我、我中有你。也正因此，杭职院的文化融合始终是校企联动的有力背书，帮助企业迎接社会市场瞬息万变的商业挑战，提供越来越多学有所专、专有所精的人才梯队，服务于学校发展、企业建设和社会进步。

杭职院与"融善"之文化构建

下篇导读

本篇详细阐述杭职院长期以来，致力于以"融善"构建校园文化，展现了从党建引领的铸魂育人，到制度建设的优化治理，再到文化为魂的以文化人，将校园文化建设融入学校整体发展的光荣实践。篇中各章脉络遵循文化构建逻辑，先阐明学院以顶层设计作为引领，以中心工作作为驱动，形成扎根于基层组织服务的向心力，进而论证杭职院如何从传统管理思路迈入综合管理路径，建立健全依法治校架构，积极对外开放，激发发展新活力。最后，从人文角度说明杭职院始终坚持"文化育人"不放松，宣扬匠心精神，鼓舞学生胸怀"技能报国"的崇高格局和伟大使命，使之成长为造福于社会、有利于人民的真正栋梁之材。杭职院以"融善"文化培植教育土壤，优化教学环境，始终面向未来，走中国特色教育可持续发展之路。

第七章　铸魂育人——党建引领的向心力

第一节　融入顶层设计，善在路径引领

高职院校开展党建工作，普遍面临的问题是如何将党建工作与人才培养工作融合起来，形成合力，服务于一切为了学生就业的教育目标。很多院校的党建工作自说自话，唱独角戏，脱离了高职院校人才培养的主框架，在很大程度上影响了人才培养的质量。

多年以来，杭职院以党建"结合点"项目建设为载体，在党建服务高职院校教育目标、协助教育改革、共助校企联动等方面，探索出了新路径、新办法、新方向，并取得了良好成效。换言之，高职院校党建工作的"着力点"，要落实党建和业务工作的"结合点"，通过结合专业学院，融党建入专业；通过创新课堂重构机制，融党建入课堂；通过贴近师生和企业需求，融党建入"校企一体化"，真正实现党建引领校园文化、激发师生活力、提升育人品质的工作目标。首先要做到的第一步，就是将党建工作融入学校的中心工作，为此，杭职院党委整理总结高职院校党建工作经验，结合学校各个二级学院实际情况，出台了《关于进一步推进党的建设服务中心工作的意见》，明确学校各级党组织努力探索完善党建工作融入和服务中心工作的新机制和新平台，深入挖掘党建与人才培养工作的共同点，营造党建和业务工作"心

往一处想、劲往一处使"的良好局面，从而充分发挥党委在学校改革发展中的领导核心作用、基层党组织在人才培养中的战斗堡垒作用和党员在教书育人中的先锋模范作用。

杭职院党委充分发挥党建引领作用，深入贯彻落实习近平新时代中国特色社会主义思想，根据浙江省委实施"红色根脉"强基工程的总体部署，制定学校"红色根脉"强基工程工作方案，全面加强党的领导，牢牢把握意识形态工作领导权，创新推进"三全育人"综合改革，优化构建"大思政"工作格局，推动学校党建与思政工作新发展。为此，杭职院深化实施党建"四大工程"，实现党建工作的跃迁升级，以党建工作为枢纽和核心驱动力，以"融善"文化为推手，推动学校中心工作不断向上、向前、向深发展，与时代、社会、企业齐奏共鸣。

党建"领航工程"顾名思义，关乎举旗定向，要指导学校发展方向，发挥党委的领导核心作用，深入推进依法、民主、科学决策。此外，坚持全面加强领导干部队伍建设不松劲，党性教育和业务培训缺一不可，鼓励干部职工担当作为，营造干事创业的良好氛围。党建工作还在廉政风险防控机制方面起到监督、整改、巩固的作用，继而建设"清廉杭职"，构建动态长效的廉政风险防控体系，确保干部廉洁从政，对教育领域腐败问题重拳出击、专项整治，杜绝防范内部"蛀虫"对学校教育改革、教育发展的伤害与破坏。

党建"固本工程"是扎实推进基层党组织建设的基础，具体落实到学校各个二级学院，要实现教师党支部书记"双带头人"全覆盖，充分发挥党组织思想引领和政治把关作用。在各个二级学院探索校企融合共同体如何开展的同时，党组织的政治引领作用要突出，确保校企共同体政治可靠、服务大局、代表先进。党建工作要往品牌化建设的方向深入迈进，打造"党建助力精准扶贫"等党建特色品牌，树立全国高职院校党建工作标杆，尤其是发动广大党员担当表率作用，形成模范带头的示范效应。党建工作要以定期巡察作为工作抓手，时常开展校内党建巡察，对各个校内二级组织进行综合政治"体检"，构建明责知责、履责督责、述责问责的责任闭环。党建工作还要推进组织融合，发挥日常的"党建+"机制的赋能作用，校企联动除了在专业、岗位、职业技能、双师共育等方面开展深度合作之外，还要开展校企党建联盟建设，充分提炼党建工作在校企共同体建设中的文化融合作用。党始终代表中国先进生产力的发展要求、代表中国先进文化的前进方向、代表中国最广大人民的根本利益，所以能够在校企合作中承担融二为一、"融以至善"的黏合剂作用，这也是党建工作服务学校中心工作的重要体现。在数智化时代大幕开启的今天，党建工作也来到了"云上"，逐渐告别传统的一些范式，利用数智化手段对党员动态随时监督掌握，以整体智治推动党组织建设全面进步、全面过硬。

党建"头雁工程"是争先创优的保障。事实上，在学校教育改革发展过程中，党员的模范带头作用成效显著，"优秀党员""优秀党务工作者""好书记"成为"关键少数"，做好这些人的工作，就能够以点带面。一个人可以带动一群人，一群人可以带动整个团体，他们在学校一系列教育改革举措中扮演"头雁"的角色，形成了示范效应。党建工作还在岗位设置上发挥作用，先后创建了一批党员先锋示范岗。通过开设"管理能手""能工巧匠""服务标兵"等党员先锋示范岗，表扬先进，鼓励后进。通过公开亮岗、定期评岗等形式和工程，党员在工作中亮明身份，陈述事迹，表明决心，从而树立正面积极形象，发挥模范先进作用。杭职院党委还开创性地建设了一批党员"头雁工作室"，按照专业领域不同，工作室划分为教学、科研、管理、服务等类型，细致灵活地推进了党建工作与业务工作的深度融合，取得了很好的成效与反馈。此外，开展常态化打擂比武也是党建工作的一个亮点。学生青春盎然、朝气蓬勃，他们的进取心、创造力、奋斗力都处于向上状态。学校党委组织举办"党建双强"打擂比武活动，评选"最强党支部""最强领头雁"

季度之星，这些活动都吸引了大量学生积极参与，活动本身就产生了先进典型的引领示范作用，同时还在新媒体、自媒体等平台进行宣传展示。因为年轻人喜欢的平台不再是传统的报纸刊物，短视频平台、自媒体公众号平台逐渐成为党建宣传的新阵地。党建宣传工作要适应时代变化，积极拓展新阵地，在新阵地上了解、吸引、指导年轻人。学校各二级学院和专业之间都营造出比学赶超的热烈氛围，客观上促进了校企共同体的建设。

党建"铸魂工程"是立德树人的聚力工程。杭职院"融善"文化与党建工作交织贯通，互相促进，形成了校园文化合力，扎实推进习近平新时代中国特色社会主义思想"三进"工作，把坚持以习近平新时代中国特色社会主义思想铸魂育人工作作为加强和改进学校思想政治工作的根本主线。高校和课堂是思政课程的主阵地，也是课程教学的主渠道，党建文化工作必须贯通融汇这些阵地和渠道，扎实推动习近平总书记"七一"重要讲话精神进教材、进课堂、进头脑，贯穿教育教学全过程。在中国特色社会主义进入新时代的背景下，社会主义核心价值观教育的重要性不言而喻。为此，杭州职业技术学院马克思主义学院"必由之路"主题馆于2022年应运而生。主题馆具有鲜明的思想理论性、历史纵深感和时代新气象，既是开放式展馆，又是行走式的思政课堂，集课堂育人、实践育人、网络育人、文化育人于一体，是学校推进"大思政课"建设、加强党建与思想政治教育、深化马克思主义中国化时代化研究与传播的重要载体。主题馆建成以来，就已成为校内外师生开展思政教育的熏陶基地，党总支书记、党支部书记、思政教师、辅导员等把党课、思政课搬进主题馆，让学生通过走、听、看、学等方式沉浸式了解和感悟百年党史、中国精神，让课堂鲜活起来。除此之外，主题馆还吸引了多所中小学组织学生来开展研学活动，推动大中小思政课一体化建设。主题馆开馆以来，已成为校外许多单位开展红色主题教育的重要学习基地，累计参观学习人数逾2万人。

一直以来，杭职院"融善"文化不仅善于吸收历史上、传统中的优秀"融"文化与"善"文化，更能够适应、把握新时代社会主义特色文化。以社会主义核心价值观主题教育月、开学典礼、毕业典礼等活动作为契机平台，对广大师生加强爱国主义、集体主义、社会主义教育，培育和弘扬社会主义核心价值观，是与"融善"文化相得益彰、共创共赢的文化工程，不能走形式，更不能松懈。学校经常举办名师沙龙、博士论坛、德技大讲堂等，邀请名师名匠、企业家、优秀校友等来校讲座，除了传授专业层面和专业知识，还注重把这些优秀思想者的感悟、思想、文化价值观念、教育理念、人才成长观等传授给学生，借以引导广大学生以实现中华民族伟大复兴为己任。学生在锤炼专业岗位技能的同时，也完成了思想铸魂，从而成长为三观端正、热爱国家、具备高度社会责任感的复合型人才。

杭职院在推动教育改革过程中，始终把党建工作作为核心基础，把党建工作融入顶层设计，发挥党建引领、带头、宣传、融合的积极作用。以党建"四大工程"为引领路径，细化工作布局；以各二级学院党支部为支点，搭建校企共同体的党建桥梁；以先进模范为榜样示范，构筑文化卓越、思想端正的优秀学生团体，确保了学校各项工作的开展，实现了以党建工作促中心教育改革、以党建工作促校企文化融合、以党建工作促人才全面培养。2019 年，杭职院达利女装学院教工第一党支部成为全国党建"样板支部"、浙江省高校党建"双创"工作培育创建单位，杭职院友嘉智能制造学院党总支入选全省高校党建工作标杆院系。2021 年，杭职院特种设备学院党总支入选全省高校党建工作标杆院系，友嘉智能制造学院第三党支部、动漫游戏学院彩虹鱼康复护理学院教工第一党支部入选全省高校党建工作样板支部，学校党建"双创"工作不断取得新突破。

第二节　融入中心工作，善在双轮驱动

对杭职院而言，开展教育改革，推进校企共同体建设，是学校的中心工作。学校创新党建工作与学校中心工作的"结合点"，深入挖掘党建与人才培养工作的"共同点"，将党建工作有机融合到中心工作，这是一个挑战，也是一次机遇。学校中心工作的教育改革可以促使党建工作创新开展，反过来，党建工作也能在服务中心工作的舞台上扮演重要角色。要想做到党建工作和中心工作共融共生，就要在五个方面下功夫。

第一，校企党建结对共建。校企合作涉及方方面面，不仅限于专业和岗位的融合。毕竟，学生不是机器，而是有思想、有感受的活生生的人，他们有追求，有想法，对这个世界和社会会形成自己的观点；而党建的重要性就在于占领社会思想主阵地，以先进文化和社会主义核心价值观引领青年学生走大路、走正途。"雄关漫道真如铁，而今迈步从头越"，就业不是学生教育的终点，也不是高职院校教育的尽头。伴随青年学生一生的，不只是傍身的技能、进取的职业态度，更包括端正的三观，以及爱国敬业、奉献担当的社会主人翁精神。而党建工作毫无疑问在其中扮演了极其重要的角色。杭职院具备条件的二级学院（系）党组织，本着"结对共建，先锋同行，校企双赢"的理念，和企业一方积极开展优势互补、资源共享、组织共建、成果共创、党建共赢的校企党建共建活动。学校的党建工作触角深入企业内部，而企业党建的文化脉络也融入了学校文化氛围。企业把积极奋进、艰苦奋斗、爱岗敬业、终身学习的文化理念之风吹到校园里来，融合校园"融善"文化，共同构筑党建共建全新阵地，这对学校而言，是文化上的兼容并包，是文化内核的重要外延，丰富且补充了校园文化的多样性和丰富度。同样的，学校的党建文化也影响了企业内部的文化理念，学生是企业的未来雇员，所以企业

需要了解学生的所思所想，适应一代代年轻人的思维风格，并有针对性地重新设计岗位。从某种意义上说，学校党建工作深入企业内部，相当于为企业打开了一扇接触学生、了解学生的窗口，从而更有效地构建人才培养体系。此外，校企双方党组织通过共同努力，齐心协力抓好对入党积极分子和党员的教育、培养、管理与监督，发挥入党积极分子和党员作用，加强学生企业顶岗实习、教师企业经历工程等环节的管理力度，打造校企党建共建的"杭职模式"。党建工作的特点之一就是先进带动后进，充分发挥积极分子和模范榜样的以点带面示范效应。除校企共建之外，学校积极探索推进全领域基层党建的融合发展，先后与杭州市红十字会医院第三党支部、丽水市莲都区紫金街道党工委、杭州市钱塘社区党委签订"医校共建""街校共建""校社共建"协议，构建"资源共享、优势互补、互相促进、共同提高"的党建融合发展新模式。

第二，党建融入人才培养。人才培养的对象是学生，而进行人才培养的主力军则是学校教师。随着校企共同体的建设，双师共育模式的普及，企业技师也成为教学的一支生力军。党建工作把师生作为共建结对的对象，积极开展机关党组织与二级学院（系）党组织、二级学院（系）教工党组织与学生党团组织结对共建活动，并在此基础上，和企业党团组织结对子，互相交流，各取所长，搭建文化理念共融、资源技能分享、个人成长沟通的党建共建新平台。学校还积极探索完善学生党建导师制度、党建带团建制度，引导基层党组织和党员教师与学生零距离、多渠道沟通互动，充分发挥党组织和党员在教书育人、管理育人、服务育人中的战斗堡垒作用和先锋模范作用。人才培养是一个成体系的、系统性的、长期性的工作，需要配套展开的工作内容非常丰富。党建工作可以广泛寻找切入点，以贴近学生"兴奋点"、填补党建"空白点"和满足学生"需求点"为指向，促进基层党建工作进学生公寓、进学生社团、进学生活动，协助推动人才体系的构筑。

第三，党建工作融入创业教育。杭职院建有实训基地和创业园区，这也成为党建工作新布局的平台阵地。学校党建工作以高职学生创业园为依托，由继续教育学院党组织和创业园直属党支部合作，对学生开展以创业咨询服务、创业教育培训、创业实训、创业文化沙龙等为主要内容的创业理想和技能教育。这些工作细致到位，深受广大学生欢迎。创业咨询服务，利用学校特有的信息收集优势，把社会企业的招聘需求和人才标准及时分享给学生。同时，学校党建专员还开通咨询窗口，根据每个学生的性格特点、业务技能水平、创业就业需求提供一对一的咨询服务，成效显著。创业教育培训更是学校常常开展的教学内容。学校坚持思想与专业并重、技能和文化双创的理念，力争在给学生赋能的同时，也实现为之铸魂的效果。创业实训方面，则依托学校实训基地，把党建工作内容融入创业实训课程；对思想政治课的教学内容也进行了重构，使之更加符合当代青年人之喜闻乐见。教育学生形成正确理念，即具有思想品质是创业能力的重要一环。创业文化沙龙更是党建工作的绝好舞台，通过沙龙形式，原本枯燥的党建理论、遥远的党建历史都在沙龙的聚会、讨论中实现了碰撞交流，沙龙成了一种全新形式的党建课堂，取得了出乎意料的宣传效果。学校完善二级学院（系）党组织与创业园党组织“结对共建”机制，通过实施“领航计划”，服务于学生的创新创业教育，努力做到让大学生创业有指导、有舞台、有信心。通过这些举措，学生成长为才德兼备的复合型创业创新人才，走出了许多杰出的毕业生代表，他们虽然年纪轻轻，但已经通过创业崭露头角，成了新时代经济的弄潮儿，社会的青年模范。

第四，党建工作融入专业建设。学校在推行专业融入产业发展的过程中，高度重视党建工作在其中的作用。学校专业建设的大方向是符合社会产业发展的需求的，但如今社会发展迅猛，产业格局瞬息万变，产业的更新淘汰率很高，就像当年智能手机淘汰诺基亚，以及如今新能源汽车对传统燃油汽车产业的巨大冲击。如何在复杂的社会格局中把握产业更替规律，更加合理地进行专业建设，离不开学院对社会大格局的深刻理解。党建工作融入专业建设，主要体现在三个方面。一是组织结构上的深度融合，把二级学院（系）党支部建在专业中，在组织设置上实现党建工作与专业建设的有机融合，切实把党支部的战斗堡垒作用体现到专业建设过程中。二是组织学习上的高度融通，即通过党课、论坛、名师讲坛等一系列活动，请名师进来，带学生出去，让学生走出象牙塔的思维局限。学校从建设中国特色社会主义、实现伟大民族复兴的宏大格局处着眼，尤其是要学透、吃透党和国家的工作报告、五年计划、产业政策，从而更好地指导专业建设，提升和改进与专业建设密切相关的人才培养模式改革、教学改革、课程建设、教师企业经历工程等工作。三是组织先锋上的带头作用，以"育人成才当先锋、专业建设创一流"为实践口号，深入开展专业建设创先争优活动，组织专业教师党员亮身份、亮承诺、亮形象，不断加大融入专业建设的力度，加快教育教学能力提升的速度，切实发挥引领示范作用，把党员的先锋模范作用落实到专业建设各个环节。

第五，党建工作融入文化育人。学校充分发挥党建共建与文化融合之间的互补作用，构建文化理念背景下的育人培养机制。文化理念是育人树人的指路之灯，一名学生学好了一门专业课程，并不代表他个人思想的进步。因此学校在重视培养学生职业技能的同时，也要强调文化育人理念的熏陶。

杭职院始终坚持党建工作和事业发展"双轮驱动"，强调铸魂与赋能双发展，以友嘉机电学院为例，学院党总支先后颁布推行《教师党员与学生党员联系制度》《顶岗实习党员校企共同培养制度》等，从制度层面构建了"服务党建融入专业、服务党员联系学生、服务党员深根企业、服务校企党员交流"的"四服务"助推机制，有效发挥了基层党组织在专业建设、文化育人、战斗堡垒等方面的领航作用，基层党组织深融在学院、专业、学生身边，形成了党建促进中心工作的良好氛围。达利女装学院党总支秉承"党建促发展，提升育人质量"理念，以服务专业现代化建设为宗旨，不断加强体制机制建设，先后制定了《教师学生工作经历工程实施意见》《专业负责人工作室实施意见》《辅导员下专业实施细则》《学生下企业实习管理细则》等一系列专业建设和学生党建相关制度，抓好五项环节工作，凸显党员风范，提升工作效能，吸引广大党员教师和党员学生加入专业建设，同时也和社会企业党建部门交流互动，进一步提升了教学水平和业务能力，完成了基于校企共同体背景的专业建设由不适应到完全适应的"亮丽转型"。信息工程学院党总支对顶岗实习期学生入党积极分子和预备党员实施"联合考察、联合培养"机制，推进了学校党建与人才培养工作的进一步有机融合。临江学院党总支则开创性地成立了"厂中校"临时党支部，由企业部门负责人担任临时党支部的书记，带队实习专业骨干教师担任临时党支部支委委员，并在此基础上，建立"校企双联系人"制度，即学生在"厂中校"顶岗实习时，在已有校内入党联系人的前提下，再指定一名实习企业党员作为入党联系人，负责学生"厂中校"实习期间的教育与考察工作。

杭职院党建工作秉持融入中心工作的理念毫不动摇，创造性地革新融入举措，双轮驱动，奋发有为，为校企共同体的建设平添虎翼，得到了学校、企业、师生以及上级部门领导的广泛认可。

第三节　融入基层组织，善在服务社会

杭职院"融善"文化具有深厚的历史渊源，又贴合时代步伐，它的生命力来自它接地气，"融善"文化关心的始终是人的主题，对人们的日常行为和人生取向进行指导。人的价值、追求、精神乃至于生命的意义、生活的丰

度，都能融入至善文化。杭职院将党建工作灵活融入校园文化，与"融善"文化互补互增，形成助推效应，使得学校的各项教育改革举措、人才培养、校企联动等工作无往而不利。建设服务型基层党组织，使党建工作全面融入社会服务，是杭职院党建工作的一大特色。

服务型基层党组织以人民为中心，把服务作为宗旨，以实际行动践行"为人民服务"的宗旨理念。服务型基层党组织主要负责为群众提供各种形式的服务，有效推进党的各项工作，从而增强组织活力和凝聚力。服务型基层党组织是新时代下探索党建新路径、推动基层治理创新的重要方式。学校各二级学院内部，均设有服务型基层党组织机构。服务型基层党组织注重与教师学生以及企业人员的沟通联系，倾听他们的呼声，了解他们的真实需求。通过开展各种形式的调查、座谈、走访等活动，深入了解师生的实际学习生活状况，帮助他们解决实际问题，提高师生对党组织的理解和信任，从而把党建工作的基础夯牢扎实。真正做到党员干部在基层一线，关心师生、服务师生，树立良好的党风、政风和群风。在建设服务型基层党组织的过程中，要始终坚持校区、社区、开发区"三区"联动，以服务谋合作、促发展、创品牌，营造"热心公益、服务社会、凝聚正能量、展示新风貌"的良好氛围。

杭职院以服务型基层党组织为锚，全面融入社会服务。而社会服务天然就是高职院校的重要功能和应尽义务。在学校开展校企合作的初期，许多企业常常有误解，认为学校是为了找企业拉赞助，要求企业提供资金支持、捐赠设施设备、为学生提供实习和就业岗位，等等，一度缺乏积极性。杭职院从一开始就很明确校企合作的共赢效益理念：校企合作要想深入和持久，必须坚持"校企双赢，以企业赢为律"，把双方的合作格局打开，借力校企共同体平台，实现服务企业、服务社会的初衷。校企共同体的几乎所有举措，对内都扎根在院系、专业和师生，对外则扎根于产业、企业和岗位。以院系党总支作为支点建设的服务型基层党组织，起到了关键作用，其通过学习、交流、调研等方式，充分了解行业的动态变化，汇总前沿技术知识，以优秀党员为先锋模范，给广大师生带来更丰富的专业知识和服务技能，同时也为社会、群众提供更优质的服务。在工作中，杭职院校内的服务型基层党组织秉持"以人民为中心"的理念，坚持实践出真知，通过服务师生群众来深入领悟、贯彻新时代习近平总书记关于全面深化改革、加强党的建设的重要思想。服务型基层党组织是新时代下推动基层治理创新、建设和谐稳定社会的必然要求，落脚在杭职院内，客观上助推了学校校企共同体的教育改革步伐，增强了合作各方的凝聚力和向心力，以满足社会需求、企业需求、专业需求、教师需求、学生需求、共同体需求为己任，合作各方相生相融，利益理念交织，最终实现共赢。

以学校继续教育学院为例，该院基层党组织积极探索党建工作融入社会服务的形式与方法，调查研究服务型基层党组织如何落地生根，破陈出新，把社会服务做出了新花样。该院基层党组织经常组织党员深入社区和开发区企业发放问卷，展开实地田野调查，汇总梳理教育培训和文化服务的社会需求，在调研中出方案，从实践中要办法，保证了服务方案的科学性和实用性。整合学校学历教育、培训资源、图书资料、体育设施、实训基地等教育教学资源，打包向开发区企业、街道、社区推介。社会服务其实是一个很宽泛的概念，要想将党建工作与社会服务有机融合，使其充满生命力，而非流于纸面形式主义，就要把社会服务的概念最小化，从学校门口、企业门口以及社区街道门口开始，整合相关资源，开展服务工作，把社会服务的工作送到家门口，成为群众的贴心人。该院基层党组织还经常送教上门，面向失业人员、失地农民开展创业培训，授人以鱼不如授人以渔，靠人不如靠己，从根本上解决这些群体的生存生活需要。人要是有傍身技能，走遍天下都不怕。高职院校的职业技能与社会服务在这个环节形成了互补双赢。与此同时，党组织为邻里社区、闻潮社区开设有关新闻写作、摄影等内容讲座，满足对这些专业领域感兴趣的群众需求，让他们足不出户就能学习相关技能知识。邀请闻潮社区党员开展座谈，加强与社区党建工作的互动。社区是社会服务的落脚点，杭职院通过与社区党建联动共建，找准了高职院校服务社会的发力点。该院基层党组织还联系浙江锦阳人力资源集团有限公司、杭州松下马达有限公司、中日龙电器制品（杭州）有限公司、松下电化住宅设备机器（杭州）有限公司、邻里社区、月雅苑社区、海天社区和多蓝水岸社区等开发区属地企业、社区开展乒乓球联谊邀请赛等，以赛会友，其乐融融的氛围增强了校企之间、学校和社区之间的情谊与凝聚力，为现在及将来的合作打下了坚实的基础，串成了牢固的感情纽带。上述一系列服务举措的实施，密切了学校与企业、社区、开发区的联系，增强了学校的社会服务能力，为地方经济社会发展做出了重要贡献。

党建工作融入社会服务，有三个着力点需要把握。一是党建深入群众。群众的日常生活里涌动着万千景象，为社会服务的内容其实是无限的，可以持之以恒，始终贯彻。二是党建创新服务。社会是由人组成的，它是人们生活、劳动、交往互动的场域。社会的发展日新月异，20年前流行的服务方式到了今天就需要重新调整，以适应如今时代的需求诉求，比如20多年前还可以给社区群众提供数码相机的免费维修服务，可到了今天，数码相机早已经被市场淘汰，成为历史背景板。社会经济产业之剧变，其实每天都在发生。也正因此，党建服务社会对创新力的要求很高。这就要求学校、企业、社区等多方力量互通消息，共享资源，配置优化，取长补短，在共同的社会服务目标之下各尽其力。只有创新，才能跟得上群众的实际需求，从而做到服务于前、解决问题于问题未发生时。三是党建凝聚人心，正如杭职院打造校企共同体是为了服务学生就业，党建凝聚人心的目的始终是服务社会人。社会是一个抽象概念，但社会中的每一个人都是鲜活的个体，这也决定了党建服务社会其实是非常具体化的工作，其作用之一正是凝聚人心。继续教育学院的服务型基层党组织采取的一系列举措，直接服务对象正是社会中的人，也因此，该基层党组织成功把握了"流量密码"，成为学校、企业和社区里的"明星组织"。所行善举，众所周知。

学校的其他二级学院党总支，诸如特种设备学院党总支、吉利汽车学院党总支、达利女装学院党总支、生态健康学院党总支、信息工程学院党总支等都采取了适合本院系的党建服务社会举措。本着"热心公益事业、服务和谐发展"的宗旨，组织学生党员和入党积极分子大力开展志愿服务公益活动，赢得了社会的广泛好评。对学生党员和入党积极分子而言，这种社会公益服务是最接地气的、最生动的党课课堂。各二级学院充分挖掘学生的专业优势，开展具有学院专业特色的党建创新活动，回馈社会，服务社会，有效连接"服务"和"需求"的两端。比如，达利女装学院党总支组织开展公共自行车"清篮行动"、信息工程学院党总支组织"小红帽"志愿服务队、生态健康学院党总支引导学生成立爱心助学社、吉利汽车学院党总支组织开展免费洗车和汽车养护知识服务、杭州动漫游戏学院党总支组织学生参与杭州国际动漫节志愿服务等。杭职院的志愿者团队曾参与服务过 G20 杭州峰会、世界互联网大会、世界短池游泳锦标赛、全国大学生运动会等大型赛事，多次荣获杭州市"最美志愿服务组织"等荣誉称号。一时间，"清篮行动""小红帽"成了具有品牌效应的党建活动 IP，爱心助学、爱心助老、爱心捐赠、志愿服务等活动的深入开展，直击社会服务的痛点和盲区，形成党建聚力、直达现场的社会服务模范效应，深化了学生人文素养的培育。党建工作顺利融入社会服务区域，和社会服务相辅相成，"融以至善"，将整个学校打造成党建实效与党建文化并重的服务型基层党组织模范榜样。

第八章 优化治理——制度建设的聚合力

第一节 依法治校架构

杭州职业技术学院从建校之初，就非常重视依法治校。还校园一片法治净土，既是杭职院"融善"校园文化的必然导向，也是杭职院肩负的教育责任和社会责任。

以"融善"为核心的文化导向，天然要求学校敬畏法律、遵守法律、重视法律，并把法律作为律己律人、约束团队的重要武器，以达到"律善"的目的。何谓"律善"？后天的教育至关重要的，在成长的过程中，学生不但要学习各种理论和技能知识，也要学习道德及法律规范，成长为社会栋梁的必要条件就是知法懂法，恪守社会道德规范和法律法规。高职院校作为教育重地，历来非常重视培养学生的法治意识，旨在建设依法守法的稳固教育阵地。为此，学校教职工队伍从上到下，以身作则，并从制度上固好藩篱，保障依法治校的实施。

1996 年 5 月 15 日通过的《中华人民共和国职业教育法》，是学校依法治校的重要指导。该部法律于 2022 年 4 月 20 日第十三届全国人民代表大会常务委员会第三十四次会议修订（后简称新《职教法》）。在新《职教法》的实施背景下，杭职院认真学习贯彻，反思不足，把提升依法治校和内部治理水平提上议事日程,紧锣密鼓地学习法律精神、领会法律深刻内涵、落实依法治校新篇章。

杭职院开展了学习贯彻新《职教法》的一系列讨论会,健全完善体现新《职教法》精神的章程与制度体系,推进学校治理体系和治理能力现代化。依法治校虽然从建校之初就贯穿学校管理体制中,然而提升到融入学校现代治理体系的高度、成为其中不可或缺的一环,这个变化与新时代背景有着莫大关联。党的二十大报告对"坚持全面依法治国,推进法治中国建设"做出了专章阐述,法治中国的重要意义不言而喻。此举充分体现了以习近平同志为核心的党中央对全面依法治国的高度重视,彰显了我们党不仅是敢于革命、善于建设、勇于改革的政党,更是信仰法治、坚守法治、建设法治的政党。报告是我们党坚持全面依法治国的政治宣言,对全面依法治国进行了整体性、系统性、创造性的论述,为我们描绘出一幅具有更高标准和更高水平的法治中国新图景,使法治中国建设掀开了新篇章。在全面依法治国的时代背景下,新《职教法》经过修订出台,把新时代新法治精神融汇其中,给高职院校的法治建设、依法治校提出了全新的要求和更高的标准。

为此,杭职院积极应对,通过组织学习领会新《职教法》,把法治理念的新时代要求传达灌输到每一个杭职院人的灵魂深处。充分发挥杭职院"融善"文化深层的融通性和改进性,将法治理念的新要求、新理念融会贯通起来,结合杭职院过去已有的学校治理体系,开辟新的篇章,敢于自我净化、自我完善、自我革新、自我提高。杭职人从组织制度上进一步完善学校管理机制、提升现代化管理水平、强化学校综合治理体系。在具体实施办法方面,杭职院紧抓依法治校对标对表,力争达到同行前列,锚定更高目标,实施"揭榜挂帅"、集中攻坚机制,瞄准重大标志性成果的突破与累积,激发全员共建的内生动力。在人员组织方面,杭职院重视激发调动各类组织参与依法办学民主治校积极性,以教师和学生为主体,打一场依法治校管理水平提升的硬仗。

杭职院人主动学习中央文件精神，深刻领会党的二十大报告中关于依法治国的内容，认真体悟习近平总书记全面依法治国的思想，坚决落实知法、学法、守法、依法到一言一行中，以更高的自我要求鞭策自己。为了进一步提升依法治校的管理水平，杭职院完善教职工代表大会制度，查漏补缺，对代表大会的每一个环节进行深入调查研究，确保每一个环节都经得住法律的检验，所有程序合规守法，能够公开化、透明化。设立监督举报信箱，经得起投诉、经得起考验，将法律之剑高悬，惩前毖后，使法律之钟长鸣。杭职院深化群团组织改革，把依法治校规则细化拆分，融入每一个校内团体、部门。依法治校，除了遵守法律、按规章制度办事，还要欢迎各方面的监督。为此学校成立妇联组织，成立学校发展基金会、校友组织、民盟杭职院支部等，使得学校各类群团组织更加健全、更加规范、更加法治化，这些组织作为监督者，更好地推动了杭职院依法治校工作的开展。

杭职院推动依法治校，先从完善党委领导下的校长负责制做起，发挥党委的领导核心作用——这是党成立一百年来取得辉煌成功的关键，也是党带领群众从胜利走向胜利的保障。无论何时何地，依法治校必须坚持党的领导；党性保障、党员自觉、党的自我革新，是杭职院依法治校最有力的武器。杭职院通过修订完善党委会、校长办公会等议事决策制度，健全书记校长每周碰头机制、班子成员定期沟通机制等，深入推进依法、民主、科学决策。依法治校的核心在于依法，对于有关民主和科学的决策，涉及经济和政治方面的决策，必须牢记党的嘱托，牢记全面依法治国的铁律严规及崇高精神。学校全体教职员工和学生必须在脑子里树起党旗，画一条法律红线，不可逾越。杭职院积极提倡依法治校就是对自己敢于亮剑、对腐败敢于斗争、对法律绝对敬畏，做到法外无情、法不徇私。杭职院多年来开展教育改革，高举产教合一、校企合作的大旗，合作空间广阔了，舞台空间有规模了，来自法外人情的各种诱惑和糖衣炮弹也就多了。所以，要筑牢学校依法治校的红线，巩固依法治校的成果，对与学校合作的政府部门、私营企业、社会办学力量要时时刻刻把好关，杜绝犯罪违法的苗头，要从"不抽一根人情烟""不喝一杯人情酒""不拿一份人情礼"做起。全体师生既要做到自律，也要配合学校对合作方进行他律，对违规合作企业要设立黑名单，一旦对方行为碰触法律底线就要果断淘汰，终止合作。

法律从其本质而言，是一种他律，用以约束人们的行为。然而，道德层面的建设对依法治校是有巨大帮助的，道德文化也可以规范人们的行为，从而使得人们实现一定程度上的自律。杭职院"融善"文化正是从道德文化层面入手，教育人、培养人、引导人向德向善，追求真理，明辨是非。一个人如果道德文化程度高、文化层次水平高、道德自觉性和自我反省程度高，那么，他几乎是不可能违法违纪的，这就是道德教育和文化熏陶的重要意义所在。杭职院发动广大教职工和学生积极参与校园"融善"文化建设，正是从根源上树立起人们对道德文明的尊崇、对法律法规的敬畏，在大是大非面前能够看得清、守得住。要做到依法治校，学校必将守牢底线、恪守法律、服从党性原则，从而消除腐败根源，为学校的一系列教育措施与改革的具体施行保驾护航。依法治校，将给学校广大教职工和学生吃上定心丸，使大家坦坦正正做人，光明正大做事。这样，杭职院的学生将来毕业后，才能够真正承担社会责任，并为依法治国贡献自己的力量。

"勿以善小而不为，勿以恶小而为之。"反过来说，犯罪分子的违法违纪其实是一个从做微小的恶事开始，渐渐欲望沟壑无法填满，一步步滑向道德深渊、走入牢房囚笼的过程。在受到社会上形形色色不当利益诱惑的时候，"融善"文化带来的"止于至善""融以至善"的道德观会成为一个紧箍咒，成为一把法治的金锁和门闸。这正是"融善"文化付诸法律层面所产生的潜移默化、育人先育德的巨大作用，对杭职院依法治校起到了重要的支撑作用，成为学校推行依法治校的坚强后盾。所以，杭职院在推广依法治校新理念的同时，要进一步加强"融善"文化的塑形、塑心、塑德的强大作用，使得依法治校的规定与执行走出纸面文章，来到教职工和学生的中间，让他们更容易接受。

杭职院致力于不断改进、完善议事决策机制，制定并实施了二级学院党总支议事规则、二级学院党政联席会议议事规则，规范和提升了议事决策水平。学校完善党委会、校长办公会议事决策制度。修订了《中共杭州职业技术学院委员会议事规则》《杭州职业技术学院院长办公会议事规则》，出台了《杭州职业技术学院重大事项决策风险评估的实施办法》《二级学院党总支委员会会议议事规则》《二级学院党政联席会议议事规则》，对校、院两级的议事决策机制进行明确，并开展培训和督查。

完善决策机制，健全监督、执行体制机制，是推进依法治校的重要保证，杭职院以此为抓手，推进全程管评、数据循证，把各项规章制度和项目决策公开化、透明化、数据化，并广开言路，接受各方监督与批评，保证了学校肌体健康，断绝了腐败和违法违纪行为，使得依法治校深入校园、深入人心。

第二节　汇聚外部智力

杭州职业技术学院自 2002 年正式成立以来，历经了从规模发展、内涵发展再到特色发展的道路。这得益于各级领导的关心、爱护、支持，以及学校发展委员会的指导。

杭职院学校发展委员会，是学校融聚外部智力，引入外部人事、机构和组织的力量，为学校发展过程中的重点、难点问题把关把脉，给予学校纵深发展战略清晰准确的指导，为学校发展鼓风扬帆、保驾护航。它的建立，离不开杭州市人民政府对杭职院发展的高度重视。杭州这座城以及市政府的领导，始终是杭职院健康发展与迅猛建设的最大后盾。杭州市人民政府专门建立了市领导联系人制度，高度关切杭职院的教育改革和建设发展，市政府领导也几次三番赶赴杭职院进行工作指导，并对杭职院予以政策和资源扶植。可以说，杭职院的高速发展与杭州市的发展绑牢在了一起，借着杭州市辉煌发展的东风，杭职院搭上了高速发展的列车。学校依托钱塘区与学校之间的区校合作平台优势，调整充实由市政府、开发区管委会、知名企业共同参与的学校发展委员会组织架构。这样的架构稳定，而且具备很强的现实影响力和指导作用。市政府和开发区管委会能够在政策和纵深发展战略上高瞻远瞩，提出当前、中远期和远期的未来规划。在城市发展的大规划大格局下，学校积极适应，才能把握发展的黄金机遇。知名企业也是学校发展委员会中不可或缺的重要一环，它们带来实时的市场信息和社会发展动态，对相关产业、行业都有鞭辟入里的见解和影响力。企业既是劳动岗位的缔造者，也是劳动岗位的需求者。当今时代，企业对人才的依赖显而易见，得人才者得天下。企业发展的基础和关键，就在于拥有一批精通职业技能、了解产业行业发展方向的员工——这是企业发展的无价之宝。

如此一来，学校发展委员会在创立之初，从组织架构上就联通了政府、学校和企业三方，三位一体，能够综合全面地切实履行自身职责，为学校发展导入正确、良性发展轨道提供了坚实可靠的保障。学校发展委员会自成立后，每年至少召开两次专题会议。会上，各位热忱于职业教育发展、关心杭职院教育改革的委员畅所欲言，围绕学校发展过程中遇到的重点和难点问题，深入讨论，提出真知灼见，针对某个主题展开专项研究，提供专项解决的方案意见，堪称杭职院的智库。学校发展委员会通过会议和专题研讨，提出政策建议和支持，为杭职院校企共同体的正常运行与顺利发展平添虎翼。

近年来，杭州市委书记、市长等主要领导多次来学校调研指导工作，并投资3亿多元为学校解决学生宿舍回购与建设问题。此外，杭州市人民政府还投资652万元支持学校筹建彩虹鱼康复护理学院，开发区政府投资了800万元支持校园环境建设。政府的大力支持为学校发展校企共同体、与企业的深度融合合作增加了动力源泉，增强了发展信心。

值得一提的是，杭职院2007年便与杭州经济技术开发区管委会开展战略合作，组建了以开发区政府为主、双方共同参与的学校发展委员会（开发区管委会主任担任学校发展委员会主任）和校企合作领导小组。杭州经济技术开发区是1993年4月经国务院批准设立的国家级开发区，是全国唯一集工业园区、高教园区、出口加工区于一体的国家级开发区，拥有浙江省最大的高教园区。杭州职业技术学院就坐落于杭州经济技术开发区的区域之内，得天独厚的背景，为学校大力发展校企合作奠定了基础。学校、开发区政府和区内的诸多著名企业共建了"产学研发展学院""高职学生创业园""高技能人才培训中心""蓝领成才培训中心"等合作实体，合作触角伸向产学研发、自主创业、人才培训以及职业技能岗位培训等领域，为学生的个人成长提供了广阔平台，兼顾了学生的职业技能学习、创业能力提升以及产业格局视野拓宽。学校重点推进实施"开发区高技能人才培训工程""下沙失地农民培训工程""开发区职工素质提升工程"和"开发区社会人员文化知识提升工程"。这些工程对杭职院而言，是"走出校门、走进开发区、走进社区"的教育实践。学校选择优秀教师对企业职工、社区居民进行继续教育，通过再教育提升企业技术工人、社区居民的素质。教育对象既包括高技能型人才，也包括失地农民，不限制学历和文化程度；既包括企事业单位职工，也包括无职业的社会人员，不限制在职与否。授课内容既包括职业技能培训，也包括文化知识普及，不限制教学内容和种类。杭职院推出的上述工程，相当于把课堂融入了开发区，把知识融入了居民老百姓，深受人民群众好评和开发区政府支持。

可见，学校发展委员会关切的是学校的根本利益与长远规划，是以"百年职业名校"的雄心壮志来谋求学校规模发展、促进学校教育提升、规划学校教育格局的。而学校要想取得发展，必须融入社会、产业和企业，必须有利于社会、有助于产业、有用于企业。对内学校则要做到对教职工和学生负责，给教职工提供自我提高的学习空间，让他们感受到杭职院是一个事业平台，使他们能开辟和实现自己的人生教学事业，不辜负他们的大好青春。给学生提供自学、创业、自我完善的人生舞台，他们就像早上八九点钟的太阳，朝气蓬勃。为此，杭职院开启校企共同体的一体教育改革步伐，并且坚持长期不动摇。学校积极开展校企联合行动，相继开展了三下乡活动、科技咨询服务活动。其中，学校开展的下乡活动效益颇丰，例如2023年早春时节，杭州职业技术学院科技服务团队赶赴淳安县临岐镇开展送科技下乡活动，向当地多花黄精种植大户赠送多花黄精优质种苗，发放中药蘑菇渣专用有机肥，支持当地发展多花黄精产业。杭职院作为国家"双高"院校，在多花黄精产业技术和科研成果转化方面的成绩显著，跑出了2023年助力乡村振兴的"第一棒"。杭职院实现为合作企业和开发区年均培训4万人次以上，为企业完成技术革新或新产品研发年均30项以上。

杭职院与杭州经济技术开发区开启全方位战略合作，区校共同组建杭州职业技术学院发展委员会，充分发挥了智囊组织的咨询治理作用，发挥学校发展委员会在重大战略谋划、重大改革举措、校企深度融合技术协同创新和办学质量评议等方面的决策咨询职能和智力参谋作用。在区校合作机制的运行之下，开发区的大树、巨石、企业人员培训和文体活动等进校了，校内图书信息资源等也同时对外开放了，形成了互惠互利互融的跃迁发展局面。杭职院在积极迎合杭州市产业结构转型升级需要的过程中，建立健全了由二级学院（校企共同体）提出、校企共同体理事会审议、学校发展委员会审定等程序构成的专业结构调整机制，确保及时调整和优化专业结构。这些决策事关重大，关系到学校的发展与专业转型。政策的制定和出台是在经过精密调查研究、充分组织讨论、权衡多方利弊的基础上完成的，决策过程是公开透明的、决策制定是符合实际的、决策推行是科学理性的，经得起历史和时间的检验。对相关专业的教职工来说，决策促进他们完成了自我转型；对学生而言，决策使他们所学专业导向更符合杭州市产业结构升级、适应社会产业所需的岗位，为他们实现体面就业打下了坚实基础，确定了明确方向。

20年来，学校党委领导核心作用更加凸显，党委领导下的校长负责制高效执行，全面形成科学、规范的学校治理格局。发展委员会、专家委员会、学术委员会、专业建设指导委员会、教材选用委员会各司其职，多方引智、权责清晰、民主科学的内部治理格局基本形成，院校治理体系得到了改进和完善。其中，学校发展委员会尽职尽责履行责任和义务，融汇外部各种资源，为杭职院发展科学决策提供了强大支撑。

第三节 从管理到治理

杭州职业技术学院开展校企一体化的教育改革，强化了校企合作机制，为学校的茁壮发展奠定了基础。然而，杭职院的本质仍然是一所高职院校，担负着高职院校的教育责任。新《职教法》中明确规定职业教育的教育目标是"推动职业教育高质量发展，提高劳动者素质和技术技能水平，促进就业创业，建设教育强国、人力资源强国和技能型社会，推进社会主义现代化建设"，而职业教育的概念是指为了培养高素质技术技能人才，使受教育者具备从事某种职业或者实现职业发展所需要的职业道德、科学文化与专业知识、技术技能等职业综合素质和行动能力而实施的教育，包括职业学校教育和职业培训。

高职教育是一种专业性很强的教育类别，它要求学校在职业道德、科学文化和专业知识、技术技能等方面具备扎实的学识基础、学术素养、教学体系。杭职院历来重视学术层面的提高和发展。早在 2014 年 10 月，杭职院举行了第一届学术委员会委员选举大会，通过民主选举，产生了 15 名学校第一届学术委员会委员。

学术委员会是学校最高学术机构，在专业建设、学术评价、学术发展和学风建设等学术事务及其他按规定必须提交或学校认为应当提交的事项上统筹行使决策、审议、审定和咨询等职权。其实学术委员会在高职教育体系中并非鲜见，且有着较长的历史发展过程。1987 年，杭州市广播电视工业公司职工大学就成立了学术委员会，其具体职责包括开展教师教学评估、学术研讨、教师职称评审工作。学术委员会的成立是为了对教师教学全过程展开监测与评估，督促教师不断提升学术水平。同时，学术委员会搭建了学术论文讨论与展示平台，通过提供一个场所的形式让教师展开学术方面的研讨，这种"一边喝茶（咖啡），一边讨论学术问题"的模式在国内外的著名校府中是很常见的，客观上促进了院校的学术发展。此外，学术委员会介入教师职称评审工作，以专业、综合和全面的角度考察教师的教学能力、所发表论文的水平，为教师职称的公平竞升提供决策支持。杭职院在教学实践的基础上，依托学术委员会的有力组织，举办校内学术论文交流会。会上，教师们"八仙过海，各显神通"，积极开展论文学术研讨，实现教学理论的更新和教学相长。学术委员会的成立，给杭职院的学术发展提供了更多可能性和施展空间，一系列崭新的教学模式相继出台，一大批学术成果也闪亮登场。

2016 年起，杭职院试行部分量化的学科组评议方式。该模式指的是由学校学术委员会、科研处、教务处对参评人员教学工作、论文著作教材情况、科研教改教学项目三个方面的成果进行量化打分，供学科组专家评议时参考。第三轮评聘方案打通专门人才职称晋升通道，出台专业技术职务直接聘任办法，构成了学术与晋升的双向螺旋上升循环通道，激发了教师钻研学术、攻写论文、提高学术水平的斗志和动力，促进他们教学水平全面提升。杭职院于2021年特别设立了卓越教学奖。该奖旨在表彰师德高尚、长期在教学一线为人师表、全身心投入教学工作、在师生中有良好口碑、赢得师生广泛赞誉、在教书育人方面做出突出贡献的教师。该奖项两年评选一次。荣获学校卓越教学奖的教师，在职称评审中可不受论文、项目、业绩成果等条件限制，直聘高一级职称，直至正高职称。这正是杭职院对待人才的态度和做法，对那些优秀的教职工人员，就要想尽办法让他们破茧而出、展现才华，使奖项和奖励让有才者居之，形成全校教职工队伍中比学赶超的学习进取氛围。

此外，杭职院还积极探索以代表性成果和实际贡献为主要内容的评价方式，将具有创新性和显示度的成果作为评价教师科研业绩的重要依据，激发学校办学活力，强化教师发展通道，让教师看得到前途、看得清回报，使之拥有更多获得感、幸福感，营造了广大教师干事创业、竞相发展的浓郁氛围。2017年1月，学术委员会进行换届选举。经大会无记名投票，第二届学术委员会民主选举产生15名委员。换届选举的成功举行，意味着学校学术委员会的架构已经稳定成熟。2020年12月16日，杭州职业技术学院第一届教科研大会召开，学校总结了过去教学工作的宝贵经验，从"立足双高""提质培优"和"下一步重点工作考虑"三个方面做了大会主旨报告。提出要在注重内涵发展、坚持教学中心地位、注重创新驱动、突出人才强校战略、重视立德树人这五个方面孜孜以求，日臻完善。学校第一届教科研大会总结交流了学校过往教学科研工作的主要成效和经验，分析研判教学科研工作面临的新形势和新任务，在思想认识上达到了高度统一，为今后一段建设时期学校的教学科研和科技成果转化工作确立了明晰的方向，对学校科研工作的进一步深入开展具有重要意义。

学术委员会作为校内管理机制的一环，融入学校现代治理体系，促进了校内管理体制的良好运转，发挥出了学术教研方面的推进作用。学校特别制定了《学术委员会章程》《专家委员会章程》等，2021 年完成了学术委员会第二次换届，成立教材委员会，进一步厘清学术权与行政权的关系，保障学术委员会、专业建设指导委员会、教材选用委员会独立行使职权。随着第三届学术委员会的成立，各位新当选的委员已经进入了工作角色。新形势下学术委员会面临着全新的挑战，不能躺在过去的功劳簿上，而是要积极奋起，充分发挥学术委员会的学术促升作用。学术委员会将继续坚持党的领导，增强政治意识。在党委领导、校长负责、教授治学、民主管理、社会参与的基本框架下科学把握学术委员会的地位和作用。此外，学术委员会将致力于提高工作站位，站在学校全局发展的基础上，充分发挥专业优势，为学校改革发展提供富有价值的意见和建议。学术委员会的各位委员将不断加强业务学习，尽快实现从学术研究到学术决策的转变，做好“教授治学”表率，不断加强学术决策能力，加强对相关规章制度的学习，充分参与到各类重要决策当中。最后，学术委员会将保持优良工作作风，认真履职履责，积极贡献才智，为学校科学决策做好参谋和提供智囊，推动学校学术水平建设快速发展。

除了学术委员会，杭职院在推进学校“从管理到治理”的管理机制转变中，还非常重视教职工代表大会（后简称教代会）的作用。教代会的成立历史也比较早，1990 年杭职院的前身杭州机械工业学校及杭州市机械工业局职工大学召开了教代会，主要议题是抓中专合格评估、职工大学治理整顿验收，全力提高学校办学水平。2002 年，杭职院召开了杭州职业技术学院首次教代会。教代会的主要作用是推进学校民主管理机制运行。以教代会为载体和主体，学校持续深化群众性团体组织改革，健全民主党派参政议政机制。

学校在第六届教职工暨工会会员代表大会第二次会议上，提交教代会审议了《2021年岗位聘用工作方案》《教职工年度考核办法》《岗位聘期考核办法》等政策制度，保障了师生的知情权、参与权、表达权和监督权。

杭职院的数智治理也走上了新台阶，力争吃透时代技术红利，打造职业院校数智治理范例。杭职院对全校所有重点事项或者项目进行数字化过程性管理，使得每一件重要事项从批准、实施、过程监控、督办、诊改、结项评价、自动生成报告等完全信息化，大幅提高协同效率及任务质量。学校构建了"预算—绩效—内控"一体化管理平台，将预算资金的分配、管理、监督过程的各个环节融入绩效管理内容，实现业务服务流程的全闭环与财务内控的全覆盖，达到"业务审事"与"财务审单"的双内控。基于信息化手段，学校大力推行数智管理模式的建设，转变传统管理方式，健全治理体制机制。一方面优化二级管理与考核模式，充分发挥二级学院和全校的积极性；另一方面，加快完善管理制度，构建适应工匠培训中心的制度体系。杭职院借助智能信息化手段，从传统管理理念转变为现代治理理念，构建信息化的数智管理平台，实现项目审批、在线报名、网络课程、在线评价、数据统计、培训师资库、档案中心等的信息化数智管理，大大提升了校内治理体系的运转效率，简化了各项流程，方便了师生教与学的各项模块管理。同时杭职院还充分利用好"学分银行"系统，为参加培训的劳动者提供保障。

第四节　激发两级活力

一所高职院校要具备长远发展的潜力，其中的一条重要标准就是必须有精简有力的管理机构，必须与臃肿低效的官僚主义机构隔绝，必须形成层级分明、互融互助的管理层级体系，必须有相互配合、上下呼应、以点带面的管理响应机制。杭职院从 2008 年开始，着力于管理机制的瘦身和减负。一个机构倘若不进行管理组织上的精简，很容易走向人浮于事，出现冗员增多、科室臃肿的恶性循环，导致出现"三个和尚没水喝"的局面：人人不揽事、不主动、不负责。沐浴在学校"融善"校园文化的氛围中，杭职院始终在教学管理的方方面面追求至善，始终寻求管理融善、教学融善、校企合作融善。其中管理融善是指管理上的优化与更新。学校防微杜渐，主动推动管理变革，推进管理体制机制创新，全面释放学校办学活力。学校把推进以二级管理、现代学徒制、创新创业教育和教学诊改为重点的综合改革作为管理机制变革的关键之招，在管理制度方面理顺关系、建章立制、规范管理，形成管理长效机制。

2008 年 7 月，杭职院遵循"精简行政、强化一线、推进二级管理"的思路，进一步调整机构。调整从明确职能入手，采用机构合并、合署办公或重组等方式完成。此番机构调整幅度巨大，目标是"精兵简政"，强化管理部门职能，提升管理部门效率，推进二级管理工作开展。其中，党政管理机构增设"发展研究中心""人武部"，把党政办公室分设为党委办公室、院长办公室。党委办公室与党委组织部合署；院长办公室增加行政督查和教学督导职能，与外事办公室合署。凡合署办公的部门，实行两块（多块）牌子一套班子。调整后，共设党政管理机构 13 个。机构改革之后，党政管理机构人员数量压缩，部分人员和岗位实行双向选择、聘任上岗制。此外，学校整合教学教辅机构，例如将基础部与体育部撤并，设立公共教学部。调整后共设教学教辅机构 9 个。学校增设并充实教学一线的相应机构及人员，撤销教学机构原有相关科室建制，按照各教学机构的规模、特点设置内设机构，原则上只设综合办、教科办和学工办。通过这次机构改革，杭职院建立起了全新的管理机构和职能体系，理顺了各层管理体制和职能体系，实现了科学精简、权责明晰、强化服务、优质高效的改制目的，为学院整体改革发展的推进奠定了良好的组织基础。2008年的学校机构改革，开启了推进学校院（系）二级管理的序幕。到这年暑期，学校第一轮行政机构改革顺利完成，行政管理机构由原来的17个减至13个，行政人员由113人精简为78人。原校级行政管理机构的行政人员中有近三分之一充实到了二级院（系）。

2013年4月，学校为进一步适应二级管理体制改革的要求，激发教职工的科研学术积极性，特别制定了《杭州职业技术学院科研项目管理办法（试行）》，二级管理体制更加趋于完善。二级管理体制改革后，学校各二级学院的发展进一步解除了体制内的束缚，可以大展拳脚，在管理模式方面不断创新提效。学校优化二级管理和考核模式，构建适应工匠培训中心的管理体系，充分发挥了各个二级学院的积极性。学校深化二级管理体制，加强管理层海外研修工作，扩大以专业群为逻辑构建的二级学院自主权，优化考核和激励机制。以《二级管理改革实施意见》为依据，学校发挥相关方对二级学院发展咨询的重要作用，在申报高水平研究课题上大放异彩。学校出台《跨专业教学组织的管理和考核办法》，理顺其与二级学院、职能部门的关系。对高职院校而言，产教融合机制是教学质量的关键，杭职院积极探索二级学院混合所有制产教融合机制，并且依托协同发展中心、工程教学中心和学生创新中心，探索建立团队薪酬制。

对杭职院而言，探索建立具有混合所有制特征的二级学院，推进以二级管理等为重点的综合体制改革，具有重要的现实意义。作为学校推进管理体制机制创新的一个重要组成部分，以二级管理、现代学徒制、创新创业教育和教学诊改为重点的综合改革，是健全"企业主体、学校主导"的校企合作治理结构的管理基础。二级学院是学校"校企共同体"教育改革的落脚点，是学校校企一体化多元发展模式的探索实施主体，二级管理要走在前、改在前。随着时代的文明进步和社会经济的信息化、多元化、全球化发展，高职教育的发展脚步更要加快。高职院校的二级管理正在不断推进中，二级学院的办学自主性正在不断增强。学校着意增强二级学院的主体属性，以二级学院作为实际履行教学、科研、社会服务三大职能的基层实体组织，直接面对教职工和学生的教学、生活及工作。

近年来，杭职院坚持推动综合体制改革，破除学校发展的体制性障碍。除了机构设置改革、推进二级管理，学校还积极开展教学考核与职称评聘模式改革探索，为完善学校内部治理体系、提升人才培养素质和提高专业建设水平提供了有力的机制体制保障。职称评聘工作历来都是高职院校人事制度改革的重要组成部分，对师资队伍的建设和发展具有很强的导向作用，恰当的职称评聘机制可以引领和推动学校教师专业发展，实现教师职业上升和价值定位，激励教师奋力进取，提高教学专业水平。杭职院一向重视教师职称评聘机制的建设和改良，很早就出台了师资队伍建设五年规划，改进职称结构的不均衡状态。2009 年，学校设立高校教师中级专业技术资格评审委员会，从此学校有了中级专业技术职务评聘的自主评审权。2014 年，学校首次开展专业技术职务自主评聘工作，研究制定了《杭州职业技术学院专业技术职务评聘改革方案》等一系列职称评聘方案，确立职称评聘计划，推行职称评聘方案标准，实现了自定标准、自主评聘、自主发证。到了 2016 年，学校职称评聘工作进一步改进，完善了论文送审规定，试行了部分量化的学科组评议方式，学校可以自行组建学科评议组进行学术水平评议。截至 2021 年，学校已自主完成三轮职称评聘工作，取得显著收效，优化了业绩当量替代成果做法、直聘条件与办法、教师系列评聘标准，促使教师从技术技能服务型转向科研服务型发展。此外，对思政课教师、学生思政教师专设相应评聘条件，鼓励思政课教师、学生思政教师向专业化发展。职称评聘的推行，补充完善了二级管理机制。通过优化评聘标准，学校将研究系列方向进一步细分为科学研究与教育管理研究两类，支持、鼓励专职研究人员发展。教师的发展得到了制度保障和激励，反过来强化了二级学院的健康发展。

"融善"文化是杭职院的教育灵魂所在，是学校建校的文化基石，在职称评聘机制建设上，杭职院充分考虑到了文化层面的因素，把师德师风考核放在首位，对违法违纪、学术造假等品行不端行为实行"一票否决"。在职称评聘的过程中，学校把"融善"文化灵活机变地融入其中，形成了一些特色做法。例如，立足于教师基于岗位的业绩成果，破除"五唯"，即唯论文、唯帽子、唯职称、唯学历、唯奖项。解放教师学术论文上的桎梏和枷锁，鼓励教师结合工作岗位，发挥自身特长。在职称评聘过程中，学校刻意增加了教师在专业建设、指导学生、服务企业等方面的业绩要求，充分体现职业教育特色。以2021年为例，学校新增国务院政府特殊津贴人员1人、全国"五一劳动奖章"获得者1人、全国技术能手1人、省"万人计划"教学名师1人、市"万人计划"教学名师1人、杭州工匠1人、杭州市钱江特聘专家4人。这充分说明了杭职院职称评聘改革的显著成效。杭职院通过职称评聘改革，聚焦教师职业素养和业务知识的提升，以定岗定责激活人才活力，深入改革高职特色职称评定标准，"颠覆性"构建人才激励政策，"靶向性"推行人才高地计划，推动了各类教学人才竞相涌现。

学校坚持人才强校，深知激励制度对人才成长至关重要，在激励制度上反复思量，翔实调研，借鉴国内外先进激励管理经验，为人才强校构建制度基础。学校推进"5315"人才高地计划（"5"即在行业有权威、国际有影响的专业群领军人才5名；"3"即在行业内有一定影响力的专业带头人和专业群带头人后备人才30名；"1"即具有教育教学能力或技术研发能力突出的杭职名师名匠100名；"5"即教育教学、技术服务等能力突出的教师团队50支。）试点创新"优绩优酬"分配制度，使教师活力得到充分而全面的激发。如今高水平"双师"队伍已经成形，成为学校未来发展的骨干教学力量。从二级管理有序推进，到职称评聘逐步改革，杭职院将二级学院作为文化孕育、校企融合、产教合一的主阵地，把教师队伍作为强化发展、人才培育、专业提升的骨干核心，激发出二级学院和教师队伍的全面活力。学校校风、教风、学风整体向好，教学水平和专业技能显著提升，二级学院发展动力强劲，教师工作积极性明显提升，众力和融，推动学校全面坚实发展。

第五节　综合管理改革

杭州职业技术学院坚持以"融善"校园文化为基础，搭建制度平台。高职院校的制度建设不同于普通高等院校，有其自身的特色。其中，最关键的不同在于高职院校引入了校外企业作为合作方，推行校企合作共同化、一体化，实现产教结合及产学结合。此外，高职院校的教育发展目标是一切为了学生体面就业，这也是不同于普通高等院校之处。相比之下，高职院校更加看重学生实际专业技能的培养，侧重于专业实践知识，着重提高学生的动手能力和社会专业适应能力，而普通高等院校则更偏重书本理论知识的学习。可以说，向社会、产业、企业紧密靠拢，是高职院校的教育特征，既是高职院校的教育优势所在，也充满了各种挑战。

面对校企融合的挑战，高职院校需要沉下心来，认真筑牢制度基础。杭职院深知制度建设的重要性和紧迫性，大力建设学校各项制度并不断改进完善。建立校企共赢的激励制度，比如完善《校企共同体专项奖助学金管理办法》，引导校企共同体参与企业来校设立专项奖学金和助学金。奖学金和助学金制度是学校激励制度中的核心制度之一，专项奖学金和助学金用于奖励家庭困难但积极求学的学生，使他们心无旁骛、专心投入专业学习，为将来人生发展打下职业技能基础，而不是"为五斗米折腰"，把时间浪费在一些缺乏成长空间的体力打工中。此外，专项奖学金的设立，对那些认真学习、专业成绩名列前茅的学生也是一个正向激励。杭职院还和社会企业共同制定

《校企合作突出贡献奖评选办法》，鼓励教职工和学生为校企合作建言献策、群策群力。对校企合作过程中出现的金点子以及特别奉献设立突出贡献奖项，既是对校企合作参与者辛苦贡献的褒奖，也树立了校企合作的正向激励风向标。

　　校企共同体的机制建设，成为杭职院各项制度建设的试验田。通过校企合作对接机制，校企共同制定人才培养方案，建立校企双师共育、过程共管、互惠互利的合作管理制度。双师共育制度使得杭职院的教师走出课堂，走入企业实际岗位，淬炼专业技能，完成技术上的自我蜕变。企业技师走入校园，为学生带来了书本以外的知识，所教所授接地气，靠拢企业岗位需求，帮助学生完成毕业即就业的无缝衔接。其中，校企对接、岗位互换制度的设定，有力推进了校企双方人员的互动交流，加速了校企合作人员一体化进程，实现了校企融合的制度化保障。以友嘉机电学院为例，学院实行并优化校企共同体的系列管理制度，建立校企双方共同参与的专业建设质量评价制度和人才培养质量评价制度，结出了校企合作办学的职业教育硕果。为了促进并解放教职工队伍的生产力，杭职院按照市场经济规律，突破现有工资体系，建立健全教师参与教学的激励制度，以制度作为保障，以制度进行兜底，解决教职工的后顾之忧，强化教职工的自信心，提升教师参与学历教学和社会培训的积极性。杭职院还会定期举办教学方法与技能培训，并对这类培训进行制度化巩固，不断提高教师教育教学能力。

　　从政策机制层面分析，高职院校主要通过各种制度来落实政策，构建机制。比如在校企合作一体化培养高职人才方面，国家先后出台了很多宏观政策和法律法规保障，但具体到高职院校的落实，就需要学校制定切实可行的制度机制并正确领会、细化分解政策法规。高职院校的校企合作制度背后，是相关政策的大力支持以及相关法律法规的有效约束。反过来讲，如果没有切实可行的激励制度、没有强而有力的政策支持，缺乏有效的法律法规保障约束，那么校企双方合作必然会出现职责不明确、遇事相互推诿乃至最后导致合作破裂的危害性后果。"凡事预则立，不预则废"，推行校企合作或者任何教育改革，都要做到制度先行、制度保障、制度约束。

制度除了激励人、约束人，还有引导人的作用。这是杭职院的优势所在，其"融善"文化的天然先进性和优越性，为正确引导师生价值观取向，树立健全文化观、世界观奠定了文化基础。杭职院是一所高职院校，这意味着它的职责是教书育人，甚至育人的优先级更甚于教书。而育人的手段，要依靠文化育人；要想实现文化育人的目的，就要设置相关的制度。杭职院大力改善学校校园的硬件环境，打造江南水乡校园景致，形成校园的文化环境。杭职院积极实施文化梯度育人，形成学校整体一盘棋，从上到下对"融善"文化的特点和规律形成都有基本认知。学校通过各种梯度育人制度，帮助师生深入了解"融善"文化的深刻内涵和广泛应用。在新时代背景下，"融善"文化依然释放着巨大的生命力，结合教育领域的政策和法律法规，催生出杭职院的各项制度，实现制度育人、制度融合、制度创新。好的制度能够充分发挥人的主动性，以文化价值观为武器，攻坚克难。使用先进"融善"文化武装起来的教职工和学生都能够积极配合学校各项制度和法规，把学校制度带入社会实践中加以体验、落实，从而更加深刻地理解和配合学校制度的推进完善。"融善"文化和学校制度的有机融合还体现在渗透性方面。文化是具有渗透力的，它看似只是主观性的理念和理解，然而却具有塑造作用。文化能够塑造世界，这是它独特的优势。人类文明也正是因为有了文化，才走出了茹毛饮血的原始人阶段，成长为地球上最具智慧的生物。有了文化，各项社会制度也随之产生，高职院校也是如此。杭职院顺应文化梯度育人的历史特点，从"融善"文化维度出发，融汇上级政策和相关法规，制定出学校各项制度，为学校的高速发展提供原动力。

文化与制度的融合点还有一个明显特征，那就是整体性。体现在学校具体制度上，是能够看到学校本体和各个二级学院之间制度上的上下层承接关系，能够看到学校内部与校外企业各自制度之间的配合关系，还能够看到学校制度与上层政策机制、政策社会背景之间的融汇关系。杭职院"融善"文化在整体性的融接方面做得也非常出色，各个二级学院既有各自制度上的独立性和空间，也有彼此共通的制度原则和底线逻辑。文化对制度的影响还体现在创造性方面，优秀文化本身就具备源源不断的创造力。在制度建设方面，体现为能够充分施展创新创造活力，通过恰当的教师激励制度、稳妥的校企合作制度，以及职称评定、教师晋升、学生专业实践等具体细化辅助制度的助力，实现学校综合治理体系的创建、创新、创为。

此外，制度需要实践来落实，然而很多高职院校也好，社会企业也罢，往往使制度在实践上沦为一纸空文。杭职院建设的综合管理体系，立足于校企合作、校企共同化和一体化，与社会实践紧密关联，所以一系列制度能够有序落地、有力落实。在教学制度上，学校的教学内容更加贴近高职院校的特点和学生的思想实际，模拟企业生产实际状况，使学生的思想品德与职业技能实现了双修。同时，教学内容融入各个院系的课程设置和课外实践，使学生处在专业学院、专业教师、专业企业和专业岗位的"包围"之中。再加上文化熏陶、思想动员、制度引导、考核激励制度的跟进与引领，主客观条件并举、多维度制度体系并重，推动着杭职院的青年学生结合专业特点积极投身教学改革。在教学内容的相关制度设计中，杭职院更是在宏观理论、时代格局的基础上，融入了职业素养、企业文化、专业发展趋势、就业形势分析等学生迫切需要的内容元素，形成兼容并包、信息丰富且与时俱进、适应年轻人学习口味的教学内容。在教学方式的制度保证方面，学校紧锣密鼓出台各种政策，鼓励师生采取案例分析、课堂辩论、专题研讨、情景模拟、网络交流、实地参观、引入企业技师等教学新方式，丰富了教学形式和教学结构。在教学载体上，学校推陈出新，重视硬件建设和文化哺育双管齐下，把课堂教育与学生日常管理、学生实习、学生党建、学生团建、学生社团活动等绑定在一起，并且逐步制度化、规范化，形成杭职院独有的教学制度特色。

经过多年持续不断的探索性实践，杭职院"融善"文化与制度体系双向建设、共同发力，推动校内综合改革不断创新，取得了明显成效和良好的社会反响，在全国高职院校中也具有了较大的影响力。

第九章 以文化人——文化为魂的持久力

第一节 "文化育人"的理念与机制

"文化育人"的教育理念，在人类历史的早期就已经提出了。孔子的以德为首、有教无类、教学相长等教育理念和注重启发式、促进学生全面发展的教学方法，对现代教育仍有重要的启示意义。《礼记·大学》开篇就提出："大学之道，在明明德，在亲民，在止于至善。"意思是指大学的宗旨在于弘扬光明正大的品德，并将其应用于生活，使人达到最完善的境界。可见，教育的实质其实就是育人，而育人的理念和手段则要依靠文化。人的天赋或有差别，但决定性的影响则是后天教育。后天教育最关键的因素是人所处的环境，包括社会环境、经济环境、文化环境。人在学习成长过程深受文化环境的影响，例如书香世家、音乐世家中的氛围对家庭成员的影响。

高职院校的文化育人更偏向社会实践与文化融合的兼容教育，在强调技能技艺教育的同时，更要重视文化教育的重要性，使得学生进入社会就业以后德才兼备，把所学专业技能用在正途和正道，为社会和企业做出积极贡献。杭职院的文化育人体系，深受"融善"文化的影响。"融善"文化的目标本来就是对人施加影响，导人向善，融事以善，教导人们善言、善行、善思，使人们在日常生活、学习和工作中，融以善心，施以善为。"融善"文化与学校的教育目标、教育理念、教育方向和教育改革有机融通起来，实现了强有力的文化渗透效应和传播效应，构建了文化育人的全方位机制。

杭职院基于"融善"文化传承机制，提出了"文化梯度育人"的理念并付诸实践。主要分为四个方面，一是分析教育对象的多重社会角色，把思想文化教育的内容分为学生素养、职业素养和公民素养三个梯度，分层施教、分段推进。学生素养更偏向个人品格道德的修养磨炼；而职业素养则更多体现个人的职业态度和技能掌握水平；公民素养的标准最高，它要求学生个人以公民身份融入社会，成长为遵守社会主义核心价值观、热爱祖国、奉公守法、爱岗敬业的中国公民。二是把与技能教育联系直接的职业素养教育分为职业价值观、公共职业素养和专业职业素养三个梯度，分类研究，分步提升。职业价值观顾名思义，是指如何正确看待自己的学习和将要从事的职业，以及树立端正的职业态度和敬业精神。公共职业素养和专业职业素养则笼统概括了职业岗位所需求的基础技能、理论知识基础、对职业岗位的认知和理解水平，这些内容都需要在学校里完成教学和指导。三是把思想文化教育的行为载体分为课堂教学、课外活动和社会实践三个梯度，分地布局，有序提高。杭职院通过重构课堂以及"敲墙运动"，打破了传统课程的束缚，极大地延伸了课堂的应用范围，实现产教合一、产学结合，把课堂教学与课外活动、社会实践紧密融合。课堂教学是基础，课外活动是体验，社会实践是验证，三者形成良性教学反馈循环，在提高学习效率的同时也增进了学习质量，三者和融，一举三得。四是在校园文化的建设过程中，将实施主体分为学校设计为先、二级学院为主、专业教师为重和学生行为为本四个梯度，各自分担职责，合力推进。即在建设校园文化并营造文化育人氛围的过程中，学校负责进行承上启下的顶层设计，把习近平新时代中国特色社会主义核心价值观与"融善"文化交融，并注入文化驱动力，具体落实细节由各个二级学院组织开展，实现百花齐放百家争鸣。文化培育对象则是师生，强调教师师德师才兼顾，学生德才兼备、技艺双修。

杭职院文化梯度育人的模式深刻把握住了对文化发展规律的认知，形成了指导思想文化建设工作的正确理念。文化建设从来都不是高高在上或者进行宏大叙事的说教主义，也从来不是不看对象、不重实效的单纯灌输，更不是立竿见影、三天速成的攻略技巧。文化育人工作之所以展开梯度、形成层次，正是适应了文化循序渐进、润物无声、潜移默化、大水漫灌的特性。学校建立多维度推进的学生素养提升机制，制定出台了《关于开展大学生基础文明养成教育活动的意见》。正所谓："一屋不扫，何以扫天下？"学校从最基本的举止文明、宿舍文明、就餐文明、教室文明等细枝末节入手，看似循规蹈矩，但实际上却抓到了文明根源。试想一下，如果一个学生连基本的文明礼仪、礼貌待人处世都做不到，那他的职业素养和公民素养就可想而知了。礼仪教育是中华文明千百年来的文化结晶，中国社会对礼仪非常重视和推崇，一个深知并践行礼仪文化的年轻人步入社会，会更容易适应社会，更容易被社会、企业和他人所接纳。所以，学校从培养学生见到教师问好、迟到敲门进入、上课手机"入袋"、下课打扫教室卫生等基本礼仪礼貌入手，循序渐进提高学生素养。教师的一切教学工作都是直接面对学生的，教师的言行和示范对学生有直接的影响，"正人先正己"，要想提升学生素养，必须从教师素质提升方面入手。因此，学校制定配套"教师公约八条"，提出了"爱国守法、爱岗敬业、教书育人、重视课堂、严谨治学、关爱学生、团结协作、为人师表"八方面要求和引导学生时要注意的问题，组织全体教工学习和规范行事，学校督政督导机构定期跟踪评议，把教师模范育人工作落到实处。

学校建立了全程推进的职业素养培养机制。在全国宣传思想工作会议上，习近平总书记强调指出，要强化教育引导、实践养成、制度保障，把社会主义核心价值观融入社会发展各方面，引导全体人民自觉践行。[①] 对高职院校而言，教育教学与社会实践的最终目的就是提升学生的职业技能和职业素养。如何把社会主义核心价值观融入学生职业素养的提升环节，是学校文化育人工作的关键。为此，杭职院从十多个方面入手，做了充分扎实的工作。政策方面建章立制，以项目形式推进，学校先后制定了《杭州职业技术学院学生职业素养教育实施意见》《杭州职业技术学院关于进一步加强职业素养教育的实施意见》，对本校学生职业素养教育进行了全面规划。

学校利用得天独厚的实训基地以及校企共同体的优势，与企业方开展深度文化层面的合作，嫁接并融合优秀企业文化，使文化育人贴近职场岗位，比如引入友嘉集团16字做事准则、达利集团"达己达人，利人利己"核心价值观以及吉利控股集团、华为技术有限公司、浙江西子航空工业有限公司、杭州东忠软件有限公司、杭州安恒信息技术股份有限公司、联想集团等企业的司徽、企业色元素，将其融入校园，可以延伸文化育人内涵。学校注重发现典型、总结经验并展开文化交流，邀请友嘉机电学院、达利女装学院、生态健康学院、信息工程学院等6个学院的专业负责人和骨干教师，结合理论思考和教学实践，对职业素养教育的内容、方法和要注意的问题做全校交流，引导全校教师强化素养意识、学习教学方法，自下而上汲取优秀文化范式经验，上下融合形成良性文化互动氛围。学校重视党员的基层支点作用，每个支部围绕职业素养教育组成若干个课题组，课题组负责人由党代会代表担任。全体党员都参加，分课题组进行调研。全体党员组成了78个课题组分赴合作企业、开发区、毕业生就业企业中深入调研职业素养教育的需求、问题和建议，形成了78篇调研报告，对学校和所在分院、部门开展学生职业素养教育提出了意见建议。学校以60多名骨干教师为教学核心，通过重

---

① 习近平总书记出席全国宣传思想工作会议并发表重要讲话 [N]. 新华社 , 2018-08-22.

构课堂，开展《专业课程融入职业素养教育的课改方案研究》和《学生职业素养教程》的课题研究。按照"目标设计、课程内容、实施要求、实施考核、成效分析、教师能力"等6个具体科目，列出操作性的课改分析教案，形成了60多篇课堂实践和建议方案，引导全体专业教师在技能教育中融入职业素养的教育。除了对理论课堂的重构重塑，学校还从思政课与多学科素质教育入手，在体育课堂组织各类竞赛活动，通过各种竞技比赛，把吃苦耐劳、奋勇争先的体育精神和竞争意识结合起来，融入学生的职业素养，以"文明其精神，野蛮其体魄"。学工部门专门组织大学生暑期实践活动，由专业社团牵头，引导大学生服务社会、体验市场、提升职业素养。

杭职院实施公民素养培育工程，坚持弘扬社会主义核心价值观，保持学校红色基调，以社会主义核心价值观为基准，培养学生的公民素养。学校开展了多项公民素养实践项目，在专业调研、创新创业、社区援助、企业帮扶、校友寻访、"三下乡"支援农村建设等方面努力探索，以实践项目促进公民素养提升，做到知行合一，让学生在社会实践中体会公民素养的重要性。近年来，学校不断投入经费，加强校园整体景观建设，修葺整新校舍建筑、绿化园林、布置陈设人文小品景致、展现校史文化。利用多媒体信息化手段，同步推动数字化校园建设，丰富各种软文化建设及宣传手段，营造浓郁文化氛围，陶冶师生道德情操，提升杭职院人的文化自信，打造学校的文化窗口。杭职院还把党建工作与文化育人深度结合，陆续建立党政班子同心共事的领导机制、党建引领的政治文化融入机制、两级推动的师德师风提升机制、企业师傅校内引领帮带机制、思政课教学管理机制、党政班子统筹协调的保障机制，充分调动了学校各教学单位推进项目建设的积极性和创造性，保障了文化梯度育人工作的顺利推进和持续。

通过实施上述多样而具体的举措，学院全方位、多维度地将"文化育人"理念融入各个层级、方方面面，从教职工到学生的精神都接受了文化洗礼，师生的综合素养得到了全面提升，实现了文化育人的教育初衷与目标。

第二节 "工匠文化"的研究与实践

"匠心"是杭州文化的历史传承，它源远流长，承载着历代杭州人的智慧和创造力，工匠精神也在其中得到充分体现。正是因为这种"匠心"，才让杭州成为一个拥有无限可能和无限魅力的城市。杭州职业技术学院作为以"杭州"命名的高职院校，建校以来始终遵循"数智杭职，工匠摇篮"的发展总方向，着力培育工匠精神，弘扬工匠文化，激励广大师生走技能成才、技能报国之路，让杭州人的工匠精神得以传承。

工匠文化与高职院校的教育属性天然契合，两者最大的共同点，在于对专业职业技能的执着钻研和精心探索。杭职院始终把培养劳模精神、劳动精神、工匠精神当作最重要的教育课题，精心培育了有品位、有特色、有影响的工匠文化校园生态，把杭职院打造成为真正的"工匠摇篮"、职业教育领域的"国之重器"。近年来，杭职院全面贯彻习近平总书记和中共中央、国务院关于技能人才工作的一系列重要指示精神，深入实施技能中国行动，落实《国家职业教育改革实施方案》（国发〔2019〕4号）、《关于实施新时代浙江工匠培育工程的意见》（浙委办发〔2020〕36号）、深化杭州工匠行动计划等要求，着力培育一批专业率对口高、可迁移能力强、企业满意度高、德技并修的新时代工匠人才。

工匠文化是一个宏大而现实的教育命题，在当今社会和新时代中国特色社会主义建设的背景下，大力提倡工匠文化，是国家之幸与民族之幸。所谓工匠文化，正如习近平总书记在弘扬"执着专注、精益求精、一丝不苟、追求卓越"工匠精神的重要论述所指出的那样，是从工人向匠人的转变、从精通到卓越的提升。高素质技能人才已经成为社会上最不可或缺的人才类型之一，而担负着职业教育职能的高职院校必须发挥出应有的教育引导和培养作用。杭职院以立德树人、培育大国工匠为教育目标，以促进就业创业创新为教育导向，把工匠精神和匠人文化融入技术技能人才培养全过程，推动工匠型人才课程的教育变革，以校企合作共同体为教育实践平台，全方位、多维度立体推动工匠型人才培养体系的建设与完善，打造具有杭职院标识度的工匠文化教育全链。

在具体的工匠文化教育实践中，杭职院通过"三院、一馆、一中心、一基地"建设，围绕劳动者职业全链条提供全生命周期服务，重构课堂设置，重塑校企结合，构建"产教训"融合、"政企社"协同、"育选用"贯通的工匠摇篮。其中，"三院"指的是工匠学院、工匠书院以及工匠研究院，"三院"之间相互融通，形成高效的工匠型人才培养循环。工匠学院系统梳理新时代下工匠型人才培养的内涵，明晰高职院校视域下工匠型人才培养的方法和策略，具体制定匠心独具、特色鲜明的杭职院工匠培养方案标准，构造融入劳动精神、工匠精神和劳模精神等新时代新要求的课程体系，并在实际授课中建立工匠型人才的育人新生态、新平台和新机制。工匠学院着力建设一批能满足工匠培育标准的"卓越课""高进阶""匠心课""匠能课"等特色专业课程，形成具有职教特色的工匠型人才"岗课赛证"培养体系和具有杭职院标识度的工匠型人才培养基地。

工匠书院则以学校"融善"文化理念为指导，整合行政企校多方优势资源，拓展图书馆职能边界，建设二级学院书吧、心理咨询室以及学生社区文化基站，充分发挥出"融善"文化与工匠文化融合滋养、春风化雨的微型教育渗透力，充分利用校企一体化、二级学院交织而成的阅读空间、研讨空间、交汇空间，把工匠精神和工匠文化充实到杭职院校园内外的方方面面与细枝末节中。通过实施"工匠书馆"拓展计划、"专业书房"改造计划、"心灵书舍”提升计划、“社区书院”建设计划，将非专业教学的教育元素融入书院建设全过程。通过定期开展“匠心传技、明礼修身”主题实践活动，不定期组织名师名匠、劳动模范、技能冠军、专家学者、企业高管等到工匠书院讲学，把教与学融入学生校园生活，孕育出匠心满盈、学习氛围浓厚的“书香杭职”。

工匠研究院，顾名思义，是以工匠为主要研究对象，探究工匠文化的政策支撑和实践策略，依靠校企共同体衍生的资源优势，开展跨学科实地研究，搭建杭职院工匠研究和发展平台，参考并摸透杭州工匠培育决策。工匠研究院具体开展的工作包括工匠人物传记研究、工匠与产业发展研究、工匠精神的理论内涵研究、工匠精神引领工匠培养研究、工匠制度变迁研究、工匠培育政策研究，承接地方政府新时代工匠培育、工匠文化建设等相关课题研究、战略规划编制工作等。杭职院着力把工匠研究院建设成为杭州市和浙江省关于工匠理论和实践研究示范基地、高标准高水平的工匠教育研究中心、合作交流中心和决策咨询研究中心，将其打造成国内具有一定影响力的工匠研究智库。工匠研究院相当于工匠摇篮和工匠文化体系中的孕育器和理论研究源泉，汇聚了国内工匠文化相关专家学者和研究人员，形成了专家学者联合体，并做到每年“三个一”：即联合发布一批招标课题、召开一次关于工匠研究的高峰论坛、提交一批关于工匠研究的《内部参阅》。

“一馆”指的是杭职院的工匠文化博物馆。该博物馆的概念是广义的，它秉持点面结合、虚实结合、内外结合，依托校园绿化、环境美化、灯光亮化的原则，结合学校“融善”校园文化布局和景观特质，对学校整体环境再改造、再提升，把工匠文化融入“融善”文化体系，营造出“弘扬工匠精神、致敬大国工匠”的校园文化氛围。近年来，杭职院先后打造了一批工匠文化场馆、设计了一批工匠主题雕塑、优化了校园视觉标识、建设了特色别致的工匠文化长廊、命名了地标性的匠心石匠心亭、建立了虚实融汇的工匠精神培育园地，实现了"四园合一"，将整个校园打造成一个弘扬工匠精神、厚植工匠文化、彰显以文化人功能的广义工匠文化"博物馆"，构筑了独特有韵味的工匠文化校园生态。而这在全国高职院校中也是一份独特的校园文化生态存在，具备强大的文化影响力和渗透力。

"一中心"是指学校的工匠培训中心。杭职院完善层级分明的工匠培训中心体系架构，建设青少年工匠、企业工匠、职教工匠的全覆盖培训架构。并在此体系架构基础上，打造青少年工匠体验、职前培训、职中培训、终身拓展、职教工匠等全链条闭环的培训体系；利用数智化的技术手段，升级工匠培训中心的管理模式，建成具有职教特色、浙江特色、杭州特色的全周期全链条工匠培训中心，给学生提供多层次多维度的培训教学内容，应用效果显著。

"一基地"是指学校依托学校教学、科研、生产、传媒和服务等载体，形成的融合多方资源、整合文化环境、弘扬工匠精神的综合性教育阵地。该阵地充分发挥工匠传承的战斗堡垒作用，成为对内宣传和对外展示的窗口基地。为此，杭职院专门组织力量，进行政策扶持和资源倾斜，打造一个工匠科普宣传栏，组建一支工匠科普宣传志愿者队伍，建设一批工匠科普活动站，举办一系列工匠科普讲座，制作一批工匠科普雕塑，让工匠文化有形化，成为广大师生看得到、摸得着、学得会的工匠文化领地。

为了实现上述工匠文化的教育实践举措，学校提出了四条保障措施，包括加强组织领导、加强协调联动、保证经费支持、加强宣传引导；成立专门的学校"工匠摇篮"工作领导小组，由书记、校长担任组长，有关部门及二级学院负责人担任成员，上下齐心，统筹规划，专人负责，落实到人。学校还建立了由党政办、宣传部等部门联合组成的联动工作小组机制，各专项工作都要制定项目推进表，明确工作分工、进度、责任人、完成时间。学校在经费支持方面更是从不吝啬，把"工匠摇篮"经费预算纳入学校整体预算，开辟专项经费统筹通道，做好资金保障。学校充分利用各类媒体渠道，加大新时代工匠人才培育工作的宣传力度。"好酒也怕巷子深"，要旗帜鲜明，敢于亮相，把工匠文化的宣传阵势鼓足，采用丰富多彩的媒体平台宣传工匠文化塑造中的典型经验、典型事迹、先进个人，以榜样模范的示范引领，带动工匠文化深入人心。杭职院通过以上细致工作和举措，不断完善"工匠摇篮"的长效机制建设。

随着以人工智能为代表的第三次科技工业革命的到来，建设中国特色社会主义的伟大事业正策马扬鞭，杭职院也要加快构建技能人才培育体系，立志培养数以万计的适应经济社会发展需要的新时代工匠人才，努力把杭州职业技术学院打造成为新时代工匠的培育引领之地、成长向往之地、技能创新之地，秉持工匠文化的匠心、匠魂，为高质量发展建设共同富裕示范区打造"工匠摇篮"，贡献职教力量。

第三节 "技能报国"的愿景与使命

历史是伟大的劳动人民创造的。人类在改造自然的伟大斗争中，不断认识自然的客观规律，通过在劳动实践中不断积累实践经验与技能，从而推动历史进步和创造更为丰富的社会财富。人类社会的发展，伴随着国家和文化的产生与发展，中国梦的实现、中华民族的伟大复兴，需要广大人民群众勤劳、智慧的劳动创造才能够实现。正如习近平总书记所说："用辛勤劳动创造中国人民的美好生活、创造中华民族的美好未来。"[1] 习近平总书记的话指明了发展方向，高职院校的教育发展和变革也随之找到了正确的方向，那就是

---

[1]　习近平. 在 2019 年春节团拜会上的讲话 [N]. 光明日报，2019-02-03.

走一条依靠人民、勤劳智慧的创造之路。习近平总书记指出:"一切劳动者,只要肯学肯干肯钻研,练就一身真本领,掌握一手好技术,就能立足岗位成长成才,就都能在劳动中发现广阔的天地,在劳动中体现价值、展现风采、感受快乐。"① 实现中华民族伟大复兴的中国梦,依靠的就是肯学肯干的诚实劳动、求真务实的钻研精神,从而练就一身过硬的技术本领。这样的伟大愿景,与高职院校的发展目标息息相关。以技能报国,是高职院校的立校精神和宏大远志。

技能报国是工人阶级的责任和使命,它强调职业道德、社会责任和爱国情怀。在当前国际竞争日益激烈的背景下,只有不断提高自身技能水平,并将其应用于国家建设中,才能更好地服务于人民群众和国家发展。杭职院秉承技能报国的愿景和初心去培养技术人才。这份初心,早在1960年初,就已在杭州这片热土落地生根了。当时杭州市重工业局开始筹建杭州机械工业学校,其建校初衷就是为了满足快速发展的工业战线对专业技术人才的要求,满怀着"鼓足干劲,力争上游,多快好省地建设社会主义"的青春斗志,人民群众热火朝天学技术、练技能,为国家富足强大和人民安居乐业贡献力量。直到今天,杭职院始终秉持这份初心。技能报国是杭职院天然的历史使命、是杭职院不容松懈的社会责任,是杭职院百年不变的教育目标。64年来,一代代杭职院人心怀"国之大者",历经过大潮大浪的曲折探索,历经过改革开放的阔步腾飞,历经过新时代下的奋进发展,始终在技能强国愿景下追求卓越。学技能以报国,是一代代杭职院人的热血担当与无悔抱负,是一代代杭职院人的历史使命和毕生奉献。

杭职院六十多年的历史波澜壮阔,其中涌现出无数感人瞬间,也有众多优秀校友和杰出代表,他们代表了杭职院职教实践的丰收硕果,也代表了

---

① 习近平. 在庆祝"五一"国际劳动节暨表彰全国劳动模范和先进工作者大会上的讲话 [N]. 人民日报,2015-04-29.

杭职院精进技能的报国热忱。杭职院走出了全国劳模毛玉刚，他在平凡的专业岗位上默默耕耘，扎根脚下一片土，深耕技术数十年，对待工作岗位始终精益求精、追求卓越，凭着对技术工作的十足韧劲和持之以恒，他完成了从一名普通钳工到全国劳动模范的飞跃，成为杭职院技能报国历史贡献中一个闪亮的符号。杭职院走出了全国技术能手刘明杰，他在钳工技术上忘我投入、刻苦钻研，勇攀技术高峰，摘得全国青年职业技能大赛钳工比赛桂冠，赢得盛赞。中央电视台《新闻30分》和《共同关注》等栏目对此做了专题报道，这是社会急需的顶尖人才，是共和国发展必需的技术栋梁。杭职院走出了"大国工匠"徐旭锋，他主持开发的SEBF超高性能熔融结合环氧粉末涂装产品获国家级重点新产品称号，被应用于秦山核电公司、萧山国际机场管道等防腐工程。徐旭锋还与中国科学院金属研究所、美国明尼苏达矿业及机器制造（3M）公司等国内外专家一起，制定了港珠澳大桥桥梁耐久性标准和规范，他用自己的实践和贡献，生动展现出新时代"大国工匠"的风范，诠释了何谓真正的工匠精神：不只是勤劳，更需要创新和坚持，需要一颗洋溢着爱国热忱的赤子之心。杭职院走出了优秀校友徐泽耀，他参与C919国产大型客机研制工作，并作为唯一学生代表应邀参加了上海C919国产大型客机首飞观礼仪式……这些杭职院的骄子们，以高超的职业技能、过硬的实践本领、优异的表现成绩，演绎出一个个匠心强国、技能报国的故事，他们也代表了我国开展职业教育数十年来所培养出的无数默默奉献的技术人才，展现出高职院校对技能强国的使命担当。

在推动技能报国精神信念扎根学校教育土壤的过程中，杭职院的"融善"文化起到了支撑作用。技能上追求至善、职业中追求完美，历来是杭职院人刻入骨子里的价值观。"格物、致知、诚意、正心、修身、齐家、治国、平天下"，在追求至善并把将其融入工作学习生活的过程中，赤诚的爱国之心，是杭职院人工作学习的动力源泉。正是因为坚信技能强国，相信科学技术能带动社会经济发展，所以杭职院人才能精益求精、磨砺技艺，对技能技术的学习和追求从未停步。杭职院不负使命，从各项制度设计、管理措施、校企合作实践等诸多方面，践行技能报国的初心愿景。学校不定期组织名师名匠、劳动模范、技能冠军、专家学者、企业高管等到工匠书院讲学、交流，以身示范引领学生修身养性、追求真理，实现文理渗透、专业互补、个性拓展。以模范榜样人物激励广大教职员工特别是青年学生走技能成才、技能报国之路，落实立德树人根本任务，为培养高素质技术技能人才提供更好的学习、交流和展示平台。中国红是党和国家最鲜亮的底色，守好"红色根脉"，需要传承自力更生、独立自主、勤劳肯干、无私奉献的红色精神，需要以教育为枢纽，把技能报国的志向融入高职院校的教育目标。

新时代建设中国特色社会主义道路上，充满荆棘坎坷，充满磨难挑战，需要一大批、一代代高素质技能技术人才、能工巧匠、大国工匠来为国家发展保驾护航。人才是 21 世纪最宝贵的资产，是国之根基，是民族命脉。教书且育人，培养一批又一批德技双修、德才兼备的青年俊才，是高职教育不容逃避的历史使命，是响应时代之需、报效国家之需、服务人民之需。杭职院积极弘扬和培育新时代工匠精神，结合"融善"文化，始终坚持马克思主义劳动观，深刻学习和贯彻习近平总书记对新时代工匠精神重要论述的本质内涵，不断把技能报国的愿景导入每个学生的脑中和心里。杭职院利用校企合作一体化这一教育实训平台，在技能实践和岗位实练的过程中，引导年轻学生亲身感受到技能技术的重要性。落后就要挨打的训诫，犹在耳也，一百多年前的民族教训不能被忘怀。习近平总书记指出："幸福不会从天而降，梦想不会自动成真……'空谈误国，实干兴邦'。"[①] 技能是在实践中磨炼出来的，所以，"技能报国"的愿景与杭职院校企共同体建设是紧密相关，融合为一

---

① 习近平. 在同全国劳动模范代表座谈时的讲话 [N]. 人民日报，2013-04-29.

的。进入现代工业社会以来，随着人工智能、新能源、生物基因技术等的出现，新的工业革命大幕已经拉开。传统手工艺技能向机械技艺发展后，再度延伸向智能化技艺。现代工业领域以及多种产业行业对技能岗位的要求发生了彻头彻尾的变化，技术技能人员要积极适应历史的转变以及岗业的变迁，从传统型技术工人转向数智化技能工人，不断加码自己专业的技术含金量，逐渐成长为能掌握高科技智能化设备的新时代技术技能型工匠。

对中国而言，过去四十多年的改革开放，彻底改写了民族发展的传统保守局面，中国社会、经济和产业都融入了世界、融入了全球化生产体系，并成为举足轻重的一环。中国要建设成为世界范围内的制造强国，推动国家战略从传统制造业大国向新时代智造大国升级转型，人才是最重要的资源。而高职院校补上了至关重要的产学合一、产教合一的环节。杭职院积极响应时代所需、国家所需、伟大中华民族复兴伟业所需，实施的建设校企共同体、改进二级管理、开展双师共育等一系列教育改革更新举措，得到了杭州市政府及相关领导部门的高度认同和大力支持。学生要学习锤炼能够报国的技能，而不是空口而谈、坐而论道。同时，学生要立下报国强国的志向，明白"故天将降大任于是人也，必先苦其心志，劳其筋骨，饿其体肤，空乏其身，行拂乱其所为，所以动心忍性，增益其所不能"的道理。技能报国的奋斗目标早已深扎在每一个杭职院人心中，追求技艺臻善，追求匠心，做国家和社会栋梁，已经成为每一个杭职院人的共识。

第四节 "数字赋能"的展望与思考

习近平总书记在文化传承发展座谈会上发表重要讲话时提出"建设中华民族现代文明"的重大时代课题。这一课题要求"我们要全面深入了解中华文明的历史，更有效地推动中华优秀传统文化创造性转化、创新性发展，赋予其新的时代内涵和现代表达形式，大力弘扬社会主义核心价值观，着力创作跟得上时代的精品力作，大力推进文化和旅游融合发展，不断激活文化生命力，更有力地推进中国特色社会主义文化建设，建设中华民族现代文明"①。如何实现优秀传统文化的创造性转化、创新性发展？如何在新的时代背景下激发传统文化的时代内涵？如何使用和发挥好"现代表达形式"？这是摆在所有文化建设者面前的重大任务。几个例子就可以说明"现代表达形式"的独特价值和对于传统文化弘扬的巨大作用。"现在去秦始皇帝陵博物院，兵马俑已经不再是'只可远观'，VR 技术让游客化身兵马俑，近距离感受千年前的威严秦俑。"②还有"在大明宫国家遗址公园，以全息影像'复活'的《霓裳羽衣舞》揭开绝世歌舞的神秘面纱，AI 全息影像之下'复活'的李世民亲自向游客讲述大明宫的辉煌历史，四季全景图通过多媒体动画手段还原大明宫的四季变换……科技赋能，给游客震撼而逼真的视觉体验"③。还有"'故宫上新''数字敦煌''云游长城''京剧数字藏品'……数字技术通过全面接入跨场景、跨时间、跨区域的数字化触点，让传统文化因技术赋能，得到了更广泛的传播与弘扬"④。这些事例都说明只有做到传承有"数"，才能让文化更"潮"。

　　文化空间不仅仅指向旧有的传统古建筑、古遗址等空间，也指向新的具有生产、传播、欣赏、收藏等功能的数字虚拟空间，比如短视频虚拟空间、元宇宙空间，也可以借助虚拟现实、增强现实、混合现实、ChatGPT、文心一言、盘古等最新数字技术和模型实现更好的传播和创作。校园文化是各种文化的集合体，它既有传统文化的内在特征，又可以以最新社会文化的生产

①　本报评论员.在新的起点上建设中华民族现代文明 [N].光明日报，2023-06-08(001).

②　李洁，张哲浩.数字科技让传统文化"活"起来 [N].光明日报，2023-07-11(005).

③　李洁，张哲浩.数字科技让传统文化"活"起来 [N].光明日报，2023-07-11(005).

④　刘倩倩.数字科技赋能文化资源 [N].人民日报海外版，2023-05-17(008).

形式传播。作为杭州职业技术学院文化根基的"融善"文化，需要诸多的内容载体、平台支撑、空间塑造，才可以全面、及时、有效地融入师生头脑。作为文化的"融"，是融入、融合、融汇。所谓文化融入、融合、融汇，不仅指传统文化、社会公德、社会主义核心价值观、各类素养融入校园文化空间，更在于其能够以润物无声的形式融入学生内心、老师心田。当前，最好的融入方式就是最新科技的使用。让数字技术融入校园文化传播的全渠道、全空间、全过程是必需和必由之路。早期，"随着数字传媒的日益普及，高校校园文化越来越呈现出时代性、开放性、创新性和多样性等特点……结合数字传媒的应用规律和发展趋势，通过拓展文化传播渠道、完善文化信息平台、提高文化娱乐特色和推进文化互动宣传等数字化传播方式，拓展传播内容和传播渠道，实现数字传媒时代的校园文化传承和创新"[1]。

如今，数字技术重新定义了文化传播主体与文化时空，元宇宙及其技术为中华优秀传统文化的传播提供了广泛的传播主体和广阔的传播空间，传播出现新的特征。"传播时效的即时性、碎片性、恒定性，形成了传统文化的'碎化—聚合'机制和无限长尾效应，也创造出基于数据库的传播新趋势。线上线下交互传播进阶为虚实融合、人机融合的沉浸场域，而元宇宙作为极致的沉浸形式，为中华优秀传统文化的超时空传播带来无限预期。"[2] 可以看出，不管是"融"还是"善"的文化基因，都需要在新的数字技术、平台、传播规律下进行创造性转化和创新性发展。只有抓住大学生对于传统文化的接受方式、喜爱欣赏的关键要素，让传统文化"潮"起来，让传统文化变得时尚而富有现代气息，才能吸引青年、引领青年、教育青年。"数智杭职"既针对校园教学、实训等硬件建设，也指向校园文化平台等软件建设，更指向"融善"文化传播的数字化、智能化。

---

① 何海. 数字传媒对校园文化建设的影响 [J]. 新闻战线, 2015(16): 93–94.
② 李萌，王育济. 中华优秀传统文化传播的数字机制与趋势 [J]. 人民论坛, 2023(02): 104–106.

ChatGPT 作为最新的大语言预训练模型对话机器，已经将人工智能带到了每个人身边，在可以预测的未来，ChatGPT 将更多地融入人们日常工作、生活、学习的方方面面，职业教育在此背景下既有机遇也有挑战。它势必对现有的教学方式、学习方式、校园文化建构和传播方式产生深刻影响。例如，"ChatGPT 赋能学习，推动学习空间泛在化，满足学习过程全覆盖的个性化需求，形成人机协同的学习模式；ChatGPT 赋能育人，推动育人理念转向高阶能力培养和综合素养培育，创新学科融合的育人模式"[①]。如何使校园文化助力泛在空间的学习，从而满足个性化学习需求？如何推动职业教育从技能教育向高阶能力和综合素养教育迈进？这些都是职业院校在校园文化服务人才培养方面必须要思考和面对的问题。类似 ChatGPT 之类的数字技术还会不断涌现，校园文化建设需要在文化内容传承、文化载体建设、文化空间布局、文化交融育人方面下大功夫、进行大投入。鉴于数字赋能文化建设时代背景，基于杭州职业技术学院"融善"文化传承创新和建设实践，我们认为进一步做好"融善"文化建设需要从以下三个方面入手。

第一，在"融善"文化的领导机制建设上下功夫，提高"融善"文化的建设、传播领导力。

维护与巩固文化领导权是马克思主义政党的重要工作。中国共产党历来重视文化领导权的建设。习近平总书记指出"党的十八大以来，我们把文化建设提升到一个新的历史高度，把文化自信和道路自信、理论自信、制度自信并列为中国特色社会主义'四个自信'，把坚持马克思主义在意识形态领域指导地位的制度确立为中国特色社会主义制度体系的一项根本制度，把坚持社会主义核心价值体系纳入新时代坚持和发展中国特色社会主义的基本方

[①] 杨宗凯，王俊，吴砥等 .ChatGPT/ 生成式人工智能对教育的影响探析及应对策略 [J]. 华东师范大学学报（教育科学版），2023, 41(07): 26–35.

略"①。一定程度而言，"文化领导权建设事关新时代中国特色社会主义文化建设和'文化现代化'的实现，在中国特色社会主义现代化建设进程中具有重要的战略地位和作用"②。校园文化承担着立德树人、滋润心灵、共筑情感的重要作用，"文化是大学的血脉和灵魂，大学文化反映着学校的历史积淀和社会形象，体现着学校精神和综合实力，凝聚着学校的办学理念和办学特色，引领着学校的价值追求和行为导向。优秀文化是推进高校可持续发展的精神支柱，是广大师生对学校的共同期待和根本认同，是实现大学功能的精神动力和力量源泉"③。加强杭州职业技术学院"融善"文化的领导机制建设，就是要提高政治站位，坚定政治信仰，把校园文化建设放到高校意识形态领导权高度予以考量。把校园文化建设与立德树人使命任务、高职院校人才培养目标进行统筹考虑，不断发挥融媒体、新媒体、自媒体的校园文化建设作用，不断提高"融善"文化的认同感、美誉度，不断释放文化润物无声的底蕴价值。尤其需要重视校园文化软硬件建设，不断打造数智融合、科技人文并举、线上线下联动的校园文化传播格局，为教师潜心育人、爱心施教，为学生勤奋学习、成长成才打下深厚底色。

第二，在"融善"文化的数字内容建设上下功夫，扩展"融善"文化数字内容及传播的多元维度。

传统文化要实现创造性转化、创新性发展，尤其需要最新数字科技的支撑。传统文化需要附着于新的数字元素，才能在数字时代、人工智能社会实现延续和发展。文化的数字载体重点在于内容的数字化建设转型。如何创作出更多"融善"文化数字内容是学校宣传部门、团委、学生处，包括教师、学生在内的所有人需要共同思考的话题。数字内容建设既要充分、准确理解

---

① 习近平. 习近平谈治国理政·第四卷 [M]. 北京: 外文出版社 . 2022 : 309.

② 贾淑品. 维护与巩固文化领导权是马克思主义政党的重要工作 [J]. 毛泽东邓小平理论研究 , 2022(07): 28-32, 107.

③ 韩继超 . 高校应突出文化育人引领作用 [J]. 中国高等教育 , 2018(07): 59-61.

"融善"文化，又要借助最新数字技术和传播机制找准内容创作的定位，不断增强数字内容的体验感、新鲜感、共情感，即在数字内容建设中加强文化产品与接受主体的"体认关系"——在数字时代就是"数字体认"关系。"数字体认"体现着数字文化产品体验过程中用户与数字环境的关系。"在'数字体认'行为中，人的意识变化受到数字文化产品内容变化的影响，而内容的变化又受制于算法推荐机制。"① "数字体认"不是用算法牵制文化内容，而是合理利用算法机制有效引导学生的目光和关注度。通过"规范技术应用，合理利用算法推荐则可以提升用户的主观能动意识、道德意识、公共价值意识，促使主体意识回归，进而推动主流意识在群体间的广泛传播"②。数字文化的内容建设要注重"创新官方网络媒体内容形式，创新设计网络文化活动，创新新媒体阅读路径，创新处理网络舆情问题，创新网络平台互动方式，创新'网军'培植方式"③。并且，数字内容开发要注意文本内容、视频内容、动漫内容相结合，同时积极开发具有"融善"文化特点的校园网红伴手礼、卡通形象，形成多内容、多层级、多感官、多器物交融的数字内容生态群落。打造一体化、整体化的"融善"文化数字内容。同时，数字内容建设要与传播相结合，以特定内容、特定平台、特定传播的形式形成协同传播、协同发力、整体互动的传播机制。以融媒体中心、数字校园文化博物馆、数字"融善"体验馆的形式构建多元传播的立体格局。建设好"融善"的短视频内容，有效抓住短视频流量，建设好数字内容周边产品，从而带动中心目标的实现。把多周边的数字内容与强中心的"融善"文化进行有机结合、有力融合。

第三，在"融善"文化的数字平台建设上下功夫，扩展"融善"文化载体

---

① 彭祝斌，江哲丰.数字文化产品体验中的"意识"问题及其导向策略——基于"数字体认"的行为逻辑[J/OL].东岳论丛，2023(06): 117—125.

② 彭祝斌，江哲丰.数字文化产品体验中的"意识"问题及其导向策略——基于"数字体认"的行为逻辑[J/OL].东岳论丛，2023(06): 117—125.

③ 赵慧.高职院校"互联网+"校园文化建设探析[J].教育与职业，2017(04): 58—62.

的影响力和美誉度。

当今时代，所有的数字平台都在为流量而战。"数字平台的核心功能是流通，其以提高信息撮合效率为抓手进行注意力竞争，这决定了撮合对象的范围可以无限广阔。"[①] 因此，所有的平台都在为吸引客户和流量而费尽心机。在"融善"文化的数字平台建设上要注重平台选取全面与重点的关系、主流平台与非主流平台的关系、传统平台与类型平台（游戏、社交、兴趣、宠物、论坛）的关系。首先，注重平台选取全面与重点的关系。"融善"文化的数字平台建设要具有全面布局、全面铺开的指导思想，如今，虽然数字平台走向中心化的趋势不断加强，但是并没有实现一家独大。没有全平台、全链条的传播机制，很难做到文化塑造与影响的全领域、全覆盖。当然，数字平台建设也并不是越多越好，只有将"融善"文化的内容建设与平台建设进行有效对接才能释放文化的传播活力，为文化育人和校园文化氛围塑造奠定良好基础。在全面的基础上要加强重点平台和重点内容建设。不断丰富重点平台的内容创新和流量完善机制，不仅仅是把粉丝、教育对象吸引进来，更要能够留得住教育对象，持续产生吸引力和增强用户黏性。重点平台建设就是在大流量平台进行内容持续创新，深耕"内容为王"；重点平台建设也可以在特色平台、小众平台进行形式创新，加强"眼球经济"，但也要严格防范和禁止形式大于内容、要流量不要底线的行为。其次，注重主流平台与非主流平台、传统平台与类型平台的关系。"平台媒体处于网络化社会中信息传播的枢纽位置，连接起了各种节点之间的关系链条，进而编织出了巨型传播网络，与依托其上建立的自媒体、专业媒体、机构媒体构成实时在线、滚动更新、即刻分发的新闻生产与信息流通体系的巨型互联网产品。"[②] 在平台媒体的划分中，我们可以简单将其归类为主流和非主流、传统与类型。主流平台与传统

---

① 徐信予，杨东 . 流量垄断的理论框架与规制路径 [J]. 经济理论与经济管理，2022，42(12): 20−31.

② 张志安，姚尧 . 平台媒体的类型、演进逻辑和发展趋势 [J]. 新闻与写作，2018(12): 74−80.

平台不是简单对等关系，也不是主属关系，而是说大部分主流媒体都会发展为传统媒体。而非主流平台多少都会与类型各异的平台相衔接。有些类型平台甚至会发展为特定人群的主流平台，并在不断扩大过程中成为大多数受众信任的传统主流平台。

不管如何对平台进行划分，青年人聚集和喜爱的平台往往都可能会在未来成为主流，因此，要善于抓住当下年轻人的聚集平台，从平台建设入手融入"融善"文化，不断变换形式、展现真诚、加强互动，就能够以平等视角看待和处理硬说教与软植入的关系，从而吸引青年学生在喜爱的平台、接受喜爱的"融善"文化形式，进而改进观念和行动，成长为社会主义的合格建设者和可靠接班人。

参考文献

[1] 叶鉴铭，徐建军，丁学恭．校企共同体 校企一体化机制创新与实践 [M]．上海：上海三联书店，2009.

[2] 叶鉴铭．校企共赢 我们在路上 [M]．北京：光明日报出版社，2012.

[3] 安蓉泉．文化梯度育人研究丛书 职业素养教育课改方案 [M]．北京：外语教学与研究出版社，2015.

[4] 贾文胜，李海涛，梁宁森．基于校企共同体多元发展模式的创新与实践 [M]．上海：上海交通大学出版社，2020.

[5] 贾文胜，梁宁森，童国通．公共实训基地"杭州模式"创新与实践 [M]．西安：西安电子科技大学出版社，2018.

[6] 贾文胜，梁宁森，魏宏远．"融"文化视域下职业教育发展范式研究 [M]．北京：光明日报出版社，2014.

[7] 贾文胜，石伟平．我国高职院校现代学徒制运行机制研究 [M]．上海：上海教育出版社，2021.

[8] 汪吾金等．"融"在高职教育中 杭州职业技术学院行动与思考 [M]．杭州：杭州出版社，2015.

[9] 杭州职业技术学院校史编写组．奋进六十载匠心铸未来 杭州职业技术学院校史 [M]．杭州：浙江大学出版社，2022.

后　记
POSTSCRIPT

　　为总结杭州职业技术学院建校以来在校园文化建设中的理念、做法、成果，完成国家"双高"计划建设目标，凝练办学理念，增强办学软实力，提升社会影响力，特出版《融善："融以至善"的杭职院校园文化体系》。

　　本书得到了杭州职业技术学院历任领导的悉心指导，凝结了杭州职业技术学院广大师生二十多年来的探索实践，汇聚了杭州职业技术学院宣传思想战线同仁的思考心血，借鉴了同行院校部分专家学者的诸多智慧，吸收了高校校园文化建设的有益成果，在此表示衷心感谢！

　　由于能力和水平有限，本书不足之处在所难免，恳请读者批评指正！

图书在版编目（CIP）数据

融善："融以至善"的杭职院校园文化体系 / 杭州
职业技术学院编写组著. -- 杭州：浙江大学出版社，
2024.1

ISBN 978-7-308-24624-8

Ⅰ. ①融… Ⅱ. ①杭… Ⅲ. ①高等职业教育－校园文
化－建设－研究 Ⅳ. ①G718.5

中国国家版本馆CIP数据核字(2024)第007925号

融善："融以至善"的杭职院校园文化体系

杭州职业技术学院编写组　著

策划编辑	卢　川
责任编辑	谢　焕
责任校对	朱卓娜
封面设计	王启宾
出版发行	浙江大学出版社
	（杭州市天目山路148号　　邮政编码　310007）
	（网址：http://www.zjupress.com）
排　　版	杭州林智广告有限公司
印　　刷	杭州钱江彩色印务有限公司
开　　本	710mm×1000mm　1/16
印　　张	11.75
字　　数	155千
插　　页	6张
版 印 次	2024年1月第1版　2024年1月第1次印刷
书　　号	ISBN 978-7-308-24624-8
定　　价	68.00元